Entender y formar a los adolescentes en la era digital

MÓNICA BULNES PUERTA

Entender y formar a los adolescentes en la era digital

Generación APP

Obra editada en colaboración con Editorial Planeta Chilena – Chile

Adaptación de portada: José Luis Maldonado del diseño original de Djalma Orellana
Fotografía de portada: Latinstock

© 2014, Mónica Bulnes Puerta

Derechos exclusivos de edición en castellano reservados para todo el mundo:
© 2014, Editorial Planeta Chilena, S.A. – Santiago, Chile

Derechos reservados

© 2016, Ediciones Culturales Paidós, S.A de C.V.
Bajo el sello editorial PAIDÓS M.R.
Avenida Presidente Masarik núm. 111, Piso 2
Colonia Polanco V Sección
Deleg. Miguel Hidalgo
C.P. 11560, México, D.F.
www.planetadelibros.com.mx
www.paidos.com.mx

Primera edición impresa en Chile: agosto de 2014
ISBN: 978-956-247-852-6

Primera edición impresa en México: enero de 2016
ISBN: 978-607-747-116-5

Impreso en los talleres de Litográfica Ingramex, S.A. de C.V.
Centeno núm. 162-1, colonia Granjas Esmeralda, México, D.F.
Impreso en México – *Printed in Mexico*

ÍNDICE

A Alfonso, Poncho, Mariana y Santiago

El nuevo paradigma de la era digital

Cuando nos hacemos adultos, específicamente cuando nos convertimos en padres de familia, construimos «departamentos mentales» en los que acomodamos todas nuestras experiencias, dependiendo del tema del que se traten. De esa manera, puedo tener el «departamento académico», en el que está toda mi historia escolar; el «departamento social», en el que puedo incluir a mis amigos, las fiestas a las que fui. En el «departamento amoroso» podrían estar todas mis relaciones de pareja, por ejemplo. Todo esto lo almaceno *según como lo recuerdo*. Punto importante, ya que la que yo creo que es mi historia, no necesariamente está basada en la realidad, sino en lo que fue mi percepción de cada evento.

En esta cajonera mental, por supuesto que está el «departamento mamá» o «papá», según sea el caso, en el que incluyo todo lo que he vivido con mis hijos y la imagen que tengo de mi persona, como líder y guía de una familia.

¿Por qué lo explico de esta manera? Porque según mi experiencia en todos los años que he trabajado con padres de familia, muchos papás no recuerdan lo que fueron durante sus años mozos. Parecen haber olvidado lo que hicieron cuando tenían la edad que ahora tienen sus hijos y, por lo tanto, parecen sorprenderse del comportamiento de los jóvenes de hoy en día. Sus dos «departamentos» («Yo joven», «Yo padre») se mantienen separados.

Esto es desafortunado, ya que cualquier papá o mamá se beneficiaría enormemente al recordar cómo pensaba y cómo actuaba durante la misma etapa que sus hijos están viviendo, pues, como lo mencionaré más adelante, la empatía es una herramienta fundamental en las relaciones familiares, y la mejor manera de ser empático es cuando verdaderamente me pongo en los zapatos de la otra persona... cuando yo me vuelvo tú. En ese momento puedo entender por lo que estás pasando y tus argumentos no me parecerán tan descabellados.

Mi intención al escribir este libro es ayudarte a conectar estos «departamentos», pero de manera que te ayuden en la tarea formativa que enfrentas, además de entregarte ciertas herramientas para perderle el miedo a la llamada era digital, que sentimos que en ocasiones nos rebasa, en especial porque diariamente surgen nuevos dispositivos y aplicaciones novedosas que nuestros hijos parecen entender a la perfección y que a nosotros nos dejan dos pasos atrás… ¡por lo menos!

Existe, además, mucha incertidumbre cuando algo que no conocemos empieza a dominar la cultura y la vida de las generaciones posteriores a nosotros. Se rompe el paradigma. Y ha pasado unas cuantas veces en la historia de la humanidad: cuando apareció la escritura se pensó que iba a destruir la memoria. Eso no sucedió aunque sí la activó para distintos objetivos. La aparición de la televisión no terminó con la radio, aunque la obligó a redefinirse. Pues bien, las aplicaciones no tienen por qué destruir las relaciones humanas, ni tampoco hacer de los jóvenes personas más superfluas, con menos concentración. He escuchado muchos comentarios acerca de que la generación App estaría incapacitada para leer textos largos o entender ideas globales porque piensan como las pestañas que abrimos desde un navegador: en forma simultánea, rápida, sin mucha capacidad de análisis. Mi opinión es que debemos aprovechar estas herramientas que nos permiten mayor conocimiento e interacción y alertarnos cuando veamos un caso de extrema dependencia y cambios en la personalidad de nuestro adolescente.

Al recorrer estas páginas encontrarás que he tratado de seguir un camino que finalmente te lleve a estrechar la relación que tienes con tu hijo, sin descuidar tu labor como padre o madre. Para hacerlo debo distinguir entre los distintos términos que utilizaré frecuentemente en este libro, para facilitar tu lectura:

TECNOLOGÍA: Puedo referirme tanto a los conocimientos sobre cibernética (conjunto de avances técnicos y científicos que facilitan nuestra adaptación al medio ambiente y que responden a una necesidad humana o a los deseos de las personas) como a los dispositivos que la utilizan. La tecnología nos entrega un medio importantísimo con el cual podemos llevar a cabo diversas acciones a lo largo de nuestra vida y comprende desde la máquina de vapor, los cohetes espaciales hasta los *drones* (vehículo aéreo no tripulado con el que se pueden controlar hasta batallas en lugares lejanos).

DISPOSITIVO: Computadores, teléfonos celulares, tablets, consolas de videojuegos.

INTERNET: Redes de comunicación interconectadas a las que podemos acceder a través de los diferentes dispositivos. Sus orígenes se remontan a 1969, cuando se estableció la primera conexión de computadores, conocida como Arpanet, entre tres universidades en California y una en Utah, Estados Unidos.

APLICACIONES (Apps): Herramientas que podemos instalar en nuestros dispositivos y que nos permiten realizar una o varias operaciones. Una App puede permitir diversas acciones: desde acceder a música gratis (como Spotify), leer diarios como el *New York Times*, jugar o ubicarnos en el lugar exacto donde estamos y darnos la mejor ruta hacia el lugar que vamos. Son rápidas y satisfacen una demanda. Existen para maximizar la comodidad, la velocidad y la eficiencia. Se encuentran bajo nuestro control y cuando queremos las utilizamos, cerramos o eliminamos.

REDES SOCIALES: Medios de comunicación funcionales a través de dispositivos y conexión a internet que nos permiten encontrar gente y relacionarnos con ella en línea (o de manera virtual, no presencial).

VIDEOJUEGOS: Juegos electrónicos en los que una o más personas interactúan a través de un dispositivo con control remoto. Los videojuegos permiten, a través de conexión a internet, contactar a jugadores distantes (conocidos o desconocidos) para que participen simultáneamente en él.

Conocer y manejar estos términos se vuelve fundamental para los padres de hoy en día, ya que todos estos avances han provocado un cambio en el paradigma mundial, y los jóvenes se mueven en este nuevo territorio con naturalidad y confianza.

Los cambios o lo diferente suelen provocar miedo, ansiedad o incertidumbre, y estas emociones pueden obstaculizar nuestra toma de decisiones, específicamente en el tema de la crianza de los hijos. A lo largo de este libro explicaré diferentes maneras en que los niños viven este mundo tecnológico y, de acuerdo a mi experiencia profesional –los estudios y libros sobre el tema que he revisado– y también a mis vivencias personales (tengo tres hijos que ahora son adultos jóvenes), propondré diferentes estrategias, sugerencias y puntos de vista que espero les sean útiles a los padres de familia y se sumen a las herramientas que emplean para lograr que sus hijos crezcan como adultos sanos y felices.

Para empezar he querido abordar la ansiedad que la adolescencia provoca en los padres. Es necesario enfrentar tus temores para poder reconocerlos e identificar en qué estás basando tus criterios disciplinarios. Tal vez descubras que has sabido aprovechar tu historia y las fortalezas de tu personalidad para encauzar a tus hijos. Que utilizas tus experiencias y la sabiduría adquirida a través de los años para establecer criterios de disciplina y mantener una buena relación familiar. Pero también es posible que encuentres un punto en el que trabajar para mejorar estos propósitos. No hay crianza perfecta y no existen padres que no se hayan equivocado en un momento en algún aspecto educativo de sus hijos. Lo importante no es esperar ser perfectos, sino aprender constantemente y hacer los ajustes necesarios que consigan los mejores resultados.

Más adelante, en el libro ahondaremos en las características de la etapa en que se encuentra tu hijo: la adolescencia. El entendimiento es la fuente de la empatía y es indispensable para establecer una buena estrategia educativa. Es necesario que conversemos con los jóvenes sobre lo que es normal y lo que se espera durante estos años de desarrollo, ya que parte de lo que constituye la madurez es el autoconocimiento, además de que les servirá para que juntos, tu hijo y tú, encuentren ideas que les ayuden a manejar situaciones que pueden poner a prueba su cuadro de valores, conociendo las posibles dificultades que podría tener debido a su juventud. Por otro lado, a pesar de que les puede molestar alguna restricción o castigo que reciban por alguna infracción a las reglas de la casa, cuando un papá explica la acción disciplinaria desde la empatía, los jóvenes suelen disminuir su reacción de enojo y, en general, reaccionan mejor ante los métodos educativos de sus padres. Por esta razón y porque también me ayudará a lo largo del libro a explicar por qué los adolescentes hacen o responden de la manera en que lo hacen, explicaré los diferentes factores que influyen en su comportamiento.

El capítulo que habla sobre la juventud y las redes sociales está dedicado a la conexión con los amigos vista desde la perspectiva de un adolescente del siglo XXI. A primera vista podrías pensar que es completamente distinta a la que tú viviste en «el siglo pasado», pero verás que los fundamentos de la convivencia amistosa se han mantenido a través de distintas generaciones.

El peligro está en «satanizar» las nuevas maneras en que los jóvenes buscan conectar con sus amigos y manejar la realidad de hoy.

Si tu primera reacción al uso de redes sociales y dispositivos modernos es negativa, es importante que reconsideres tu postura. Tu hijo quiere hacer lo mismo que tú hiciste a esa edad: divertirse, pertenecer a un grupo, convivir y, en el proceso, conocerse para encontrar su lugar en este mundo. Por supuesto, como papás debemos apoyarlos y guiarlos en este camino, por lo que dentro del mismo capítulo ofrezco algunos lineamientos sobre dispositivos móviles, redes sociales y otras herramientas de las que los padres necesitamos establecer criterios de uso.

Por otro lado, no podemos hablar del uso que la juventud hace de las distintas aplicaciones tecnológicas sin mencionar el «ciberbullying» y otras situaciones que pueden poner en riesgo a tu hijo, como lo son los pedófilos que circundan en internet en busca de niños y jóvenes vulnerables, y de la pornografía que es de tan fácil acceso para cualquier persona. En todos los casos te propondré ideas para manejar estos temas en la familia.

En el capítulo VII he querido ponerme más práctica. Trabajando estrechamente con los padres de familia he podido recopilar las frases más empleadas por los jóvenes para tratar de convencer a sus papás de sus propósitos. Espero que en las sugerencias que hago, en cada una encuentres alguna idea que puedas aplicar para enseñarle a tu hijo lo que quieras que aprenda, así como para seguir manteniendo una buena relación con él y un agradable ambiente familiar.

No puedo terminar un libro como este sin incluir la estrategia disciplinaria en la que he encontrado mejores resultados, y es aquella que promueve la colaboración y la responsabilidad. Aquella que está abierta al diálogo y a reconocer el nuevo mundo en el que se mueven los jóvenes. Es sencilla, pero toma tiempo, persistencia y constancia adquirir los hábitos de respuesta que esta estrategia requiere. Practícala. Poco a poco se irá convirtiendo en la reacción inmediata a las demandas educativas de tu hijo y para él será la manera natural de manejar las cosas en casa. Notarás la diferencia en la conducta del joven y, mejor aún, en la calidad de tu relación con él.

Al hacer un compendio de todo el contenido de este libro encontrarás que su principal propósito fue que, sin dejar nuestra tarea formadora, los padres de familia nos relajemos con respecto a lo nuevo y diferente, y le asignemos al tema de las redes sociales y el uso de distintas tecnologías por parte de nuestros adolescentes, el peso que verdaderamente tienen en su vida y tratemos de que nuestra estrategia educativa ocurra **desde dentro de su mundo**, y no desde la perspectiva de lo que fue nuestra vida.

Finalmente, es importante que aclare que las redes sociales y otras aplicaciones que menciono en este libro, como Facebook, Instagram, WhatsApp, Twitter, etc., son las que están vigentes en este momento. Seguramente, con el paso de los años habrá muchas otras *apps* que estarán de moda, mientras que algunas de las aquí mencionadas (¡podrían ser todas!) habrán desaparecido. **En realidad, para los fines de este libro, no importa qué herramienta sea la que los jóvenes estén usando en un determinado momento. Lo que he querido exponer es una serie de principios educativos**

que pueden aplicarse a un sinnúmero de situaciones familiares en donde los avances tecnológicos estén involucrados en la vida de un adolescente. Espero que los padres de familia los encuentren útiles y permanentes a través del tiempo, con el fin de apoyarlos en la difícil pero muy satisfactoria tarea de educar a un hijo.

I. Tu influencia y tu adolescente

«En mis tiempos las cosas eran mejores...»
Frase frecuente entre adultos de distintas edades

En mi casa éramos cinco hermanos. El único hombre y mayor de todos –mi hermano Guillermo–, como buen hijo primerizo, «abrió camino» en los primeros permisos adolescentes y también en las primeras infracciones a alguna regla de la casa. Especialmente por esto último fui testigo de muchas discusiones entre mi papá y él, muchas originadas –en parte– por la natural rebeldía de la etapa en la que se encontraba mi hermano. Siendo todos en la familia de carácter fuerte y no propensos a quedarnos callados ante algo que no nos parezca, algunos de estos desacuerdos fueron acalorados y hasta desagradables. Momentos difíciles para todos, pues situaciones como estas afectan a todo el entorno familiar.

A pesar de que ahora Guillo (como le decimos hasta la fecha) y mi papá gozan de una relación cercana y cariñosa, una clara «secuela» que dejó esta experiencia en mi vida fue la ansiedad que empecé a sentir cuando mi hijo se acercó a la adolescencia. Estaba segura de que lo mismo que les ocurrió a mi papá y hermano sucedería entre mi esposo y mi hijo… y nada pasó. ¡Claro que había desacuerdos! ¡Por supuesto que en muchas ocasiones no le gustaba a uno lo que el otro hacía o decía! Pero no hubo explosiones. No hubo gritos. La manera en que estos dos hombres se hablaban era muy distinta al estilo que reinaba en mi familia de origen en esa misma etapa. Lo mismo sucedió una vez que mis dos hijos menores alcanzaron la adolescencia.

A ti, que estás leyendo estas líneas, te parecerá lógico: son otras personas, son otros tiempos, son otras circunstancias… pero yo, o mejor dicho mi inconsciente, no había puesto estos factores en consideración. El pensamiento fundamental era este: durante la adolescencia, los hijos (especialmente los varones) y padres discuten intensamente, en cantidad y calidad.

Así, las expectativas que construyes cuando tus hijos alcanzan la pubertad están basadas, en parte, en tus experiencias durante tus propios años mozos. La forma en que tus papás ejercieron la disciplina será de gran influencia cuando asumas el mismo rol, y las expectativas que te formarás sobre la conducta de tus hijos y la de tu pareja serán, en parte, representaciones similares a las de tus hermanos y padres.

Si, por ejemplo, tuviste un padre sumamente autoritario y dominante, efectivamente existe la posibilidad entre los extremos del autoritarismo (en donde tú asumes el papel de tu papá) y del permisivismo (en donde, por contraste, eliges ser el opuesto, tal vez, más parecido al rol que jugó tu mamá). Si entre tus hermanos y tú hubo quien fue «el rebelde», «el cariñoso», «el casero», «el social», etc., es posible que esperes que se repliquen estas definiciones en tus hijos.

Otro factor que influye en la actitud con la que formarás a tus hijos se basa en lo que has visto u oído de tus amigos y conocidos con hijos adolescentes. Tus pares, que han vivido esta experiencia o la están viviendo al mismo tiempo que tú, son una constante fuente de información. Es muy útil compartir experiencias, primero porque alivia emocionalmente desahogar las inquietudes, frustraciones, enojos, alegrías, orgullos, etc., que pueden llegar a provocar los hijos en un momento dado. Pero también intercambiar anécdotas e ideas suman a tu repertorio de estrategias lo que fue probado por otra pareja como efectivo.

Sin embargo, cuando lo que oyes son historias de intensa rebeldía juvenil y observas papás que parecen impotentes ante los desplantes de sus hijos, puedes sentir aprensión hacia los resultados de tu crianza en esta etapa, y, aun sin darte cuenta, te «prepares» para reaccionar ante alguna situación semejante a la que vivieron otros padres. Desafortunadamente, esta preparación suele ser una predisposición a lo negativo y, cuando tu hijo se comporta de una manera que tú asumes que será como te lo «habían advertido», es posible que tu reacción sea desproporcionada o se base en una mala interpretación de la realidad. Si esto sucede con frecuencia, este tipo de dinámica (hijo adolescente/padre reaccionando desproporcionadamente) lastima la relación con el joven de maneras que iré mencionando más adelante.

Finalmente está tu personalidad. Y, por favor, te pido que notes que no hablo de la personalidad de tu hijo, factor que también influye en la manera en que se establece la disciplina en casa y se desarrolla la interacción en la familia, dado que gran parte de la efectividad de tu estrategia educativa depende más de ti que de tu hijo. Así es. **Si me has escuchado o leído antes, sabrás que creo que el 95% de la mala conducta de los hijos (menores de edad) la provocamos los padres. Este porcentaje aproximado solo intenta ilustrar la gran influencia que tienes durante los años formativos de tus niños, ya que puedes –con tu activa participación– dirigir la conducta de tu hijo hacia una vida adulta íntegra y trascendente o hacia una juventud y madurez más turbulenta y complicada.** Durante mi vida profesional he visto cómo un hijo –dependiendo de la reacción y estrategia de los papás– puede mejorar su comportamiento o ir empeorándolo hasta llegar a niveles muy preocupantes. Por supuesto, es a partir de la última etapa de la adolescencia que el joven deberá tomar las riendas y relevar a sus padres para ser quien se construya su propio destino, aun todavía con el apoyo paterno, pero estos más en una función de «asesores» que de educadores.

Pero volvamos al tema de tu personalidad como factor determinante de la actitud con la que aplicas tu estrategia disciplinaria; es decir, me referiré a la relación de tu estilo de personalidad y tu estilo formativo.

Investigaciones han asociado ciertas dimensiones de personalidad con métodos disciplinarios específicos, describiéndose las siguientes características como las más representativas que tú puedes presentar, en distintos niveles:

- **EXTROVERSIÓN:** la frecuencia y calidad del contacto interpersonal, capacidad de alegría, nivel de actividad y búsqueda de actividades estimulantes.
- **METICULOSIDAD:** la responsabilidad, perseverancia, puntualidad y organización.

- **Accesibilidad:** se refiere a qué tan compasiva, complaciente, confiable y empática es una persona.
- **Estabilidad emocional:** grado de calma o nerviosismo, depresión, ansiedad, sensibilidad, inseguridad.
- **Apertura:** abarca características como la curiosidad, la versatilidad, la creatividad y la originalidad.

¿Qué tan extrovertido o introvertido eres de acuerdo a la descripción que acabas de leer? ¿O qué tan meticuloso? Al repasar esta lista podrías incluso graficar qué tanto tiendes hacia uno u otro de los niveles de cada característica de personalidad.

Luego, trata de identificar cuál puede ser tu estilo disciplinario, considerando qué tanto apoyas a tus hijos (definiendo «apoyo» como el nivel de afecto, aceptación e involucramiento) y qué tanto conoces y monitoreas sus actividades (nivel de control):

- **Estilo «de autoridad»** (traduciendo al español el término impuesto por el norteamericano Jay Belsky). Los padres que ejercen este estilo, le ofrecen a los hijos un ambiente democrático, con mucho apoyo y también un elevado nivel de control.

- **Estilo autoritario.** Los padres autoritarios proveen un estricto control, pero sin el apoyo adecuado, por lo que son percibidos por los hijos como demandantes y dominantes.
- **Estilo indulgente.** Los que tienen este estilo son padres que apoyan a sus hijos, pero que no establecen límites adecuados de control, por lo que son percibidos como permisivos.
- **Estilo no involucrado.** Le corresponde a padres que ni apoyan ni controlan a sus hijos. Son indiferentes y podrían llegar a ser hasta negligentes con respecto a ellos.

Tu historia, personalidad y estilo formativo, la información que obtienes de tus pares y experiencias presentes, construyen las expectativas que alimentan la actitud con la que interactúas con tu hijo durante esta etapa, ya que siempre van aunadas a sentimientos específicos: alegría, ansiedad, preocupación, nerviosismo, etc.

Es lógico que creas que lo que pasó en tu casa cuando eras niño era «lo normal», lo que le pasa a «todas» las familias, y que esperes que se repliquen estas situaciones con tu pareja e hijos años después. Lo mismo sucede cuando un amigo cercano te cuenta sus experiencias con su hijo adolescente. Puedes llegar a pensar que, si te encuentras en circunstancias similares, tu familia tendrá las mismas reacciones que las que tuvieron ellos.

Todas estas vivencias forman parte de quien eres actualmente. El padre o la madre que eres hoy se ha construido a partir de cada momento de tu infancia, juventud y vida adulta, y, por lo mismo, no podrás deshacerte por completo de todo lo que no te gusta en tu estilo educativo. Y eso está bien, ya que algo que puedes considerar como un defecto puede contribuir positivamente a la formación de tu hijo. **Recuerda: educar a un hijo es un verdadero arte y no hay un solo método adecuado**

31

para hacerlo. Hay tantas maneras como familias existen en el planeta. Cada una tiene su propia cultura, su propio lenguaje. Y los variados resultados que se obtienen son los que permiten que existan los distintos tipos de personas y personalidades que enriquecen este mundo.

Lo que puedo afirmar al hablar de adolescencia, pues me lo he encontrado consistentemente en mi experiencia personal y profesional –y que tiene un impacto fundamental en el tema tratado–, es lo siguiente: la adolescencia tiene mala fama. Si dos parejas con hijos en esta etapa se juntan a hablar sobre la conducta de los jóvenes, es más probable que la conversación se dirija más hacia los aspectos negativos que a los positivos. Incluso es posible que si los hijos de alguno en la reunión no ha llegado a la «edad difícil», le *adviertan* sobre lo que ocurrirá en su casa una vez que el pequeño alcance la pubertad, dejando a la pareja pensativa y preocupada, por decir lo menos, y tal vez un poco predispuesta a una actitud determinada para cuando llegue la fecha en que su hijo sea adolescente.

No podemos negarlo. Los adolescentes tienen momentos complicados –emocional y conductualmente hablando–, y para los padres es un desafío conservar la calma y tener la claridad para responder de la mejor manera en esos momentos (en el próximo capítulo ahondaremos en este tema). Sin embargo, las «crisis» se pueden mantener a raya con dos acciones concretas:

A) Si los padres mantienen una estructura tal que permita a los hijos, desde la primera infancia, criarse con límites, pero con la libertad necesaria para fomentar el autocontrol y la responsabilidad a través de la «cariñosa firmeza». En este caso, los jóvenes llegarán a la adolescencia con un menor índice de conductas de riesgo y rebeldía.

B) Al utilizar estrategias concretas que promuevan la mejor respuesta y fortalezcan la relación de todos los involucrados, de las cuales hablaré más adelante. A pesar de que estas técnicas pueden emplearse desde la más tierna edad de los hijos (coincidiendo con el inciso A, ya mencionado), son especialmente útiles cuando, a falta de cierta estructura durante los primeros años, los jóvenes reaccionan negativamente ante los esfuerzos de disciplina paternal.

Es perfectamente natural esperar de parte de los hijos –incluso ante el mejor método educativo– episodios de respuestas altaneras, caras de hartazgo, subidas de ojos hacia el techo y «ruidos raros» que pretenden indicar a los padres el nivel de desacuerdo que sienten. Nos guste o no, son parte del proceso hacia la independencia. Sin este tipo de «rupturas», en ocasiones específicas, sería difícil que el hijo se acostumbrara a vivir autónomamente. Estas discusiones establecen cierta «distancia emocional» que, aunado a la gradual distancia física (desde la primera invitación a quedarse a pasar la noche en casa de un familiar o amigo e inicio de la trayectoria académica, hasta la mudanza definitiva hacia su propio hogar), le servirán a tu hijo para ser un adulto que pueda valerse por sí mismo.

Como lo he mencionado siempre, no porque una conducta sea normal o, mejor dicho, apropiada a la etapa de desarrollo, debemos excusarla, sin corregirla. El ejemplo que suelo dar es el siguiente: a los dos años, un pequeño puede morder a otro porque quiere un juguete. A esa edad, sus habilidades verbales son muy reducidas. No puede explicarle al otro niño que ya es su turno, que ha tenido el juguete por demasiado tiempo, que lo usará solo por un rato... ¡nada! Su único recurso en ese momento es la mordida... ¡y es muy efectiva! El agredido suelta el juguete y el pequeño se sale con la suya. En esta escena podemos entender al infante, pero no por eso vamos a permitir que lo haga sin reprenderlo. Si no le llamamos la atención, morderá a cuanta persona se encuentre estorbando su camino: familiares, amigos, compañeros de colegio; además de aprender a no agredir para obtener lo que desea, aprenderá a tener paciencia (al esperar por su turno para usar el juguete); aprenderá a ser tolerante a la frustración (ya que no siempre podrá lograr lo que quiere como quiere hacerlo); incorporará habilidades de negociación (si le damos otro juguete al otro infante que tiene lo que él quiere), etc. Es así como podemos *entender* por lo que está pasando un hijo en un momento dado, no para *justificarlo* sino para corregirlo.

Para mí, las correcciones, llamadas de atención, enseñanzas y sugerencias, son la manera en que dirigimos la conducta de los hijos hacia el objetivo: una vida adulta feliz (entendiéndose por felicidad el estado logrado gracias a una vida responsable, íntegra, positiva y solidaria). Y para eso es importante que esta estructura disciplinaria se base en la «cariñosa firmeza» de la que he hablado anteriormente, y en la que insistiré a lo largo de este libro.

Pero si mi propia adolescencia tuvo momentos difíciles, y a esta percepción le sumo una predisposición negativa construida por lo que la sociedad dice sobre esta etapa, las probabilidades de hacer un buen trabajo formativo con mis hijos se reducen.

De este modo, este capítulo es una invitación a revivir lo que te ocurrió cuando eras joven para poder enlistar las posibles ideas

preconcebidas que tengas acerca del papel de los padres y los hijos en el hogar y de identificar las características personales y estilo disciplinario que pueden ayudar al logro de tus objetivos formativos y las que pueden obstaculizarlo.

El hacer conciencia de tus antecedentes te ayudará a identificar posibles predisposiciones de actitud que pudieran ocurrir con tu joven hijo. Ejemplifico con mi propio caso: como les comenté, yo esperaba discusiones muy acaloradas entre mi esposo y mi adolescente por lo que viví en la casa en que crecí. Al detectarlo reduje la ansiedad, y mis reacciones cuando había un desacuerdo en mi familia fueron más tranquilas.

Además, te sugiero que revises todo lo que has escuchado sobre esta etapa e identifiques posibles influencias adversas que pudieras haber incorporado aunque todavía no vivas nada semejante en tu casa. Una vez que completes tu lista de expectativas negativas, prepara la contraparte: una lista que contrarreste tus más oscuros pensamientos. Porque lo que quieres prevenir es un patrón negativo en tu relación, construido por una serie de creencias previas que no se aplican necesariamente a tu familia.

Las expectativas pesimistas provocan ansiedad, pues –como su nombre lo indica– esperas lo peor. Esta ansiedad te pone a la defensiva, ya que sientes que una diferencia con el adolescente va a ocasionar una reacción dañina para él y para el resto de la familia. De esta manera sucede el escenario 1:

Has escuchado que los adolescentes no colaboran de buen modo en los quehaceres de la casa. Además, tus papás nunca te pidieron responsabilizarte por alguna tarea hogareña. Sin embargo, tú consideras que es una actividad necesaria para la familia e importante para la formación de tu hijo, por lo que un día le dices que, de ese momento en adelante, se hará cargo de sacar la basura.

Como era de esperarse, Juan (digamos que así se llama tu hijo) se queja y dice que no tiene tiempo… «Además», comenta provocativamente, «eso lo debe hacer la mamá, no los hijos».

Como esta primera reacción confirma tus expectativas, estallas. Elevas tu voz y le ordenas seca-

mente que lo haga. Le das una larga explicación del porqué es SU responsabilidad y lo llamas «machista» por su último comentario.

A partir de eso, el problema de sacar la basura se vuelve una lucha de poder. Tu hijo rebate tus argumentos y tú los contestas todos, hasta que, agotada, le gritas: «¡Saca la basura!», y, de mala gana, tu hijo lo hace, refunfuñando todo el camino.

A pesar de que finalmente se hizo lo que tú querías (que tu hijo sacara la basura), lo lograste con un enorme desgaste físico y emocional que, además, ha provocado un distanciamiento con tu hijo que afectará la relación. Propongo el escenario 2:

Evidentemente, la frase de Juan sobre los deberes de una madre la dice para molestarte (como tú lo estás molestando a él asignándole una tarea que no quiere hacer). En el primer escenario, Juan logra su objetivo, por lo que en esta ocasión, con una sonrisa amable (no irónica), le explicas: «Tienes razón, hijo. Este tipo de cosas las puede hacer una mamá, pero también un hijo, un papá o la nana… no hay tarea que sea solo para una persona».

Puedes incluso ser empática: «Sí, ya sé, hijo. Es una lata tener que hacer tareas aburridas, pero ni hablar, hay que hacerlas, como parte del equipo familiar que somos, para que todo funcione mejor. Cuando yo tengo que hacer algo que no me gusta, trato de darme un gusto después… ¿te sirvo un juguito para cuando hayas terminado de sacar la basura?».

Si sigue molesto (que es muy probable), puede que te diga que no, malhumorado. Ignora ese estado. Dile algo como: «De acuerdo, sin jugo entonces. Pero te encargo que la basura quede afuera donde corresponde antes de la hora de la comida». Y te vas. No te quedas para seguir atestiguando malas caras.

Como ves, estos dos escenarios muestran dos actitudes muy diferentes en la mamá que interactúa con su adolescente. La primera muestra a una que se pone inmediatamente a la defensiva porque la respuesta del joven era justo la que esperaba y para la que estaba «preparada».

En el segundo escenario –conociendo las reacciones que puede tener un adolescente–, la madre decide tomar el control. No deja que ocurra la escena esperada que confirma el estereotipo de la relación entre padres e hijos de esta edad y actúa en concordancia, con la enorme probabilidad de obtener mejores resultados que en el escenario 1.

Entrando en el tema que nos convoca, la tecnología, cabe precisar que este es un asunto que provoca mucha ansiedad en un gran número de padres de familia y que se basa más bien en el desconocimiento del tema, en determinada capacidad de adaptación al cambio y en la personalidad de cada persona, que en los daños reales que puede provocar. Cuando hablas de tecnología puedes caer en lo que los entendidos llaman *determinismo tecnológico*. La experta en comunicación y medios Danah Boyd lo explica de la siguiente manera: «Puntos de vista utópicos o distópicos asumen que las tecnologías poseen poderes intrínsecos que afectan a *toda* la gente en *todas* las situaciones de la misma manera». La visión utópica considera que los avances tecnológicos resolverán importantes problemas sociales y que, por lo tanto, son magníficos;

mientras que la distópica considera que la tecnología generará terribles consecuencias que cambiarán todo de una manera negativa. Es posible que tu postura esté entre estos dos extremos, pero, sea cual sea, afectará la manera en que reacciones frente a tus hijos en relación a este tema.

No permitas que tus expectativas perjudiquen el ambiente familiar. La realidad siempre es más complicada y tiene más de una explicación. Hay ventajas y desventajas en cada metodología. Algo que le sirve a una familia puede no funcionar para la otra. Una estrategia que aplicaste exitosamente con uno de tus hijos, quizás no tenga el mismo efecto en otro… Por lo tanto, aprovecha tus experiencias pasadas, lo que hayas escuchado sobre la adolescencia y lo que vayas aprendiendo sobre la tecnología para reaccionar de la mejor manera. Busca *tu* manera adecuada para tener la ansiedad bajo control (en el primer capítulo de mi libro *No más víctimas* doy una lista de sugerencias para hacerlo, pero hay muchas estrategias más, por supuesto), y mantén en mente que lo que buscas es que reine la armonía y la tranquilidad en casa, para lograr una mejor formación de tus hijos.

Las ventajas de un buen ambiente en el hogar son evidentes, pero se vuelven especialmente importantes cuando, durante la adolescencia, empieces a enfrentarte a temas como permisos, reglas de la casa, uso de la tecnología, etc. Te aseguro que una actitud más tranquila y dominada será más efectiva y tu hijo se podrá ir convirtiendo en un joven adulto que ha aprendido las importantes lecciones que le quisiste transmitir: responsabilidad, colaboración, empatía, respeto… Y todo esto tan solo por tu actitud.

II. Entendiendo a tu adolescente: ¿por qué actúa de esa manera?

«Creo que mi hija pasa por todos los estados
de ánimo posibles en un solo día».
Matías, papá de una joven de quince años

La conducta de un adolescente se desarrolla por la combinación de muchos factores que se inician en el momento de la gestación y que pueden ilustrase de la siguiente manera:

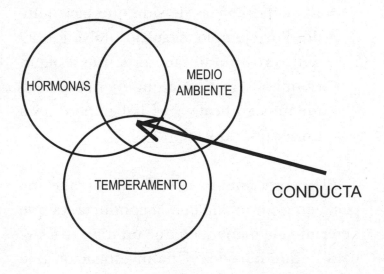

El medio ambiente constituye todo lo que se relaciona de alguna manera con el mundo exterior que rodea a tu hijo, como podría ser:

- La familia a la que el niño se incorpora al nacer. Los hermanos, la relación de sus padres, la personalidad de cada uno, la ausencia de alguno de ellos, la interacción con la familia externa, entre otros.
- Los amigos, compañeros de colegio, conocidos con los que convive con regularidad, etc.
- El colegio y el sistema académico y valórico que lo constituye.
- Las experiencias de vida que haya tenido. Por ejemplo, si sufrió bullying o algún otro tipo de abuso; si fue a algún campamento o viaje que fuera especialmente significativo, el haber perdido a un ser querido, etc.

El temperamento es otro factor que impacta en gran medida en la conducta, ya que determina la manera en que un niño reacciona a lo que le rodea. Una investigación que realizaron Stella Chess, Alexander Thomas y Herbert Birch sobre el temperamento identificó nueve características que lo integran:

1. Nivel de ACTIVIDAD. Qué tan activo es tu hijo la mayor parte del tiempo.
2. Nivel de DISTRACCIÓN. Se refiere a si influencias externas pueden con facilidad o no distraer a tu hijo cuando realiza una tarea que no es de su interés.
3. Nivel de INTENSIDAD. Cantidad de energía en las respuestas de tu hijo (¿grita?, ¿es brusco?, ¿suele tener vehementes expresiones emocionales?).
4. REGULARIDAD. Reloj biológico del niño (horarios de sueño, hambre, etc.).
5. UMBRAL SENSORIAL. Sensibilidad de tu hijo a estímulos sensoriales. Depende de la respuesta del niño a sonidos, olores, temperatura, tacto, etc.
6. Nivel de CERCANÍA. Respuesta a extraños o a nuevas situaciones.
7. Nivel de ADAPTABILIDAD. Facilidad con que se adapta al cambio.

8. Nivel de PERSISTENCIA. Cuánto tiempo se mantiene en una tarea o actividad aun cuando sea difícil.
9. HUMOR. Se refiere a qué tan negativa o positiva es su reacción «al mundo».

Todos nacemos con un temperamento determinado y sus características conforman lo que será nuestra personalidad, que a su vez impactará de una manera importante en la manera en que nos comportaremos en un momento dado.

El último círculo en el gráfico corresponde a las hormonas. Aunque parezca increíble, muchas de las conductas que el joven presenta se originan más por factores biológicos –propios de la etapa evolutiva en la que se encuentra– que por estar mal educados, como muchos padres de familia asumen de acuerdo a lo que he podido notar en mi consulta (www.preguntaleamonica.com). Desde luego, el medio ambiente y la personalidad del niño tienen una gran influencia en la conducta de un adolescente, por lo que, a pesar de lo que su organismo pueda provocar, siempre podrá ser manejado para obtener los mejores resultados; pero eso lo veremos más adelante.

Tranquiliza enormemente conocer los efectos de los cambios hormonales y neurológicos que están ocurriendo en tus hijos, ya que te permitirá entender mejor lo que observas en el día a día en casa y, por ende, acoplar tu estrategia educativa sabiendo lo que es más adecuado en cada momento.

Como sabes, la pubertad se inicia en el momento en que el cuerpo empieza a madurar sexualmente y prepara sus órganos para la reproducción. A pesar de que la edad en que esto ocurre varía en cada niño, en general, en los varones puede partir desde la temprana edad de nueve años, mientras que en las niñas puede ocurrir alrededor de los ocho. Pero en general, el promedio es de doce años para los primeros y once años para las segundas.

En ese momento, los órganos reproductivos del joven envían una señal al cerebro (mediante la secreción de hormonas) que a su vez provoca en todo el cuerpo los bien conocidos caracteres sexuales secundarios:

- **EN LOS HOMBRES:** desarrollo de barba, bigote, pelo en las axilas y pubis, crecimiento de la manzana de Adán, aumento repentino de estatura, ensanchamiento de espalda y tórax, poluciones nocturnas (eyaculaciones involuntarias al dormir), entre otras.

- **EN LAS MUJERES:** desarrollo de los senos, aumento de grasa en las caderas y muslos, inicio de la menstruación, crecimiento de pelo en las axilas y del vello púbico, etc.

Los procesos internos que originan estos cambios físicos ocurren muchos años antes de que tú empieces a ver cómo tu hijo se ha desarrollado. Mucho antes de que descubras que le ha crecido pelo en las axilas notarás que se comporta de otra manera.

Aunque hay características comunes en la adolescencia de hombres y mujeres, las hormonas (que todos tenemos, solo que en distintas cantidades de acuerdo a diferencias sexuales e individuales como la testosterona, progesterona, estrógeno y oxitocina) y las dimensiones de las estructuras cerebrales –entre otras cosas– ocasionan que en algunas situaciones la adolescencia se exprese de distinta manera entre hombres y mujeres.

Es así que ellos tienden más hacia:

- CONDUCTAS AGRESIVAS (que no debemos confundir con violencia) en la forma de juegos competitivos, movimientos bruscos, necesidad de actividad física intensa, etc.
- INDEPENDENCIA. Bajo ninguna circunstancia este inciso pretende indicar que las mujeres no son independientes o que lo son en menor grado que los hombres. La distinción está en que el proceso suele iniciarse a una edad más temprana en ellos, además de pasar, en promedio, más tiempo encerrados en su habitación, fuera de casa que conversando con sus padres, por lo que el nivel de convivencia con la familia es menor.
- IMPULSIVIDAD. Los varones tienden a iniciarse más temprano en conductas de riesgo (fumar, tomar, actividad sexual), y

mucho de esto tiene que ver con que, en general, la corteza prefrontal –región cerebral que nos permite medir las consecuencias de nuestras decisiones y donde se encuentra la «sede» del autocontrol– termina de formarse primero en las niñas.

- **IMPACIENCIA.** Si nos vamos a lo más primario de nuestra naturaleza, sabemos que para las mujeres la espera es algo necesario para la supervivencia de la especie: nueve meses para la formación de un nuevo ser humano. A lo largo de la historia hemos visto cómo en ellos el tema de la supervivencia de la especie se maneja distinto: ha sido característico del sexo masculino esparcir su «semilla» en diferentes mujeres, para alcanzar el mismo objetivo. La naturaleza tiende a hacer que los hombres se dirijan más hacia la gratificación inmediata que las mujeres, por lo que suelen ser más impacientes e inquietos.

Ellas, por su parte, tienen las siguientes «características fuertes»:

- **Vínculos.** Las mujeres tienden a recurrir a sus amigas cuando se sienten en problemas, dándole más importancia a la opinión de otras personas. Conversan más, con el fin de fortalecer los lazos que tienen con sus cercanos. De hecho, empiezan a hablar antes que los varones y suelen usar más palabras a una menor edad que ellos.

- **Ayuda.** Una mujer, en general, es capaz de pedir ayuda más fácilmente que el sexo opuesto (¿recuerdas la frase de «sabiduría popular» que dice que si un hombre está perdido nunca se detendrá para preguntar por indicaciones para llegar a su destino?). Esto se da porque tienden más al vínculo y a la empatía o a que son más verbales. Pero, cualquiera sea la razón, ante una depresión profunda, por ejemplo, las mujeres recurrirán a otros en busca de apoyo, mientras que el gran peligro de los varones es que no lo harán, lo que explica por qué el índice de suicidios es más alto para este sexo.

- **EMOCIONES.** «Las mujeres se sincronizan naturalmente con las emociones de otros, leyendo sus expresiones faciales, interpretando el tono de voz y otras claves emocionales no-verbales», dice Brizendine en el artículo «Love, Sex and Male Brain». Al mismo tiempo, y tal vez precisamente por esta intensa conectividad emocional, las mujeres corren el riesgo de perder la objetividad y tienen una tendencia hacia el «drama» mayor que los hombres.

- **DESEMPEÑO ACADÉMICO.** Como en general las niñas son menos inquietas que los niños, suelen estar mejor adaptadas para el esquema escolar tradicional: estar sentado por un largo tiempo tomando notas o estudiando. Por eso también las mujeres reciben menos reportes negativos de conducta y, hoy en día, suelen abandonar en menor número los estudios que el sexo masculino. Tanto es así, que en muchos países hay más mujeres universitarias que varones.

Existen otras características que pueden ser más predominantes en uno u otro sexo, como por ejemplo: los hombres presentan una mejor orientación espacial y mayor habilidad matemática, mientras que las mujeres suelen tener una mayor atención al detalle y ser más persistentes; pero también hay muchas otras que son comunes para todos los casos —y que tienen una razón más de desarrollo psicológico que de motivo biológico—, que sencillamente forman parte de lo que significa ser adolescente. La suma de lo que es característico para cada sexo y lo que es propio de esta etapa ayudará a explicar el tema que nos convoca en este libro: los jóvenes y el uso que le dan a la tecnología y las redes sociales.

¿Qué hacen los adolescentes en esta etapa, sean hombres o mujeres?

- Demandan más privacidad. Empieza el proceso gradual hacia la autonomía y, por lo tanto, necesitan saber que cuentan con un espacio físico propio, «libre de supervisión paterna». Por supuesto, esta libertad siempre es relativa ya que, hasta que no sean adultos, requerirán de cierta vigilancia ajustada a la edad y a las circunstancias de cada caso. Este anhelo de libertad es lo que a veces provoca que el joven cierre la puerta de su habitación por largos periodos de tiempo. O que cuando le preguntas cómo le fue en el colegio, conteste con un simple «bien» (el diálogo podría continuar solo con monosílabos: Tú: «¿Qué hiciste?». Hijo: «Nada». Tú: «¿Tienes tareas?». Hijo: «No». ¡Toda una interacción con tu jovenzuelo!).

• Comparan constantemente (aunque no siempre nos lo digan) el comportamiento entre sus amigos, entre las reglas de su casa y las de sus conocidos, las diferencias entre hombres y mujeres. A partir de esto se vuelven «críticos profesionales», siempre tratando de determinar cuál es su punto de vista y así armar su propio marco de valores.

• El adolescente es especialmente severo con sus papás. Subrayará todo lo que –en su opinión– ellos hacen mal y explicará sus razones de por qué las cosas deberían hacerse de otra manera. Para el joven es imposible que los padres (especialmente los suyos), producto de otra generación, «otros tiempos», puedan entender cómo son las cosas en la actualidad y se burla de la incapacidad de muchos adultos para entender temas de toda índole, sobre todo tecnológica.

- Hablan mucho de lo que les interesa y prestan menos atención a los temas que no les parecen atractivos. Si somos francos, esto nos pasa a todos, jóvenes y adultos, pero para los padres de familia los hijos siempre serán un asunto de gran interés. Por ello puedes llegar a sentirte herido si escuchas con gusto lo que tu adolescente te cuenta y, cuando esperas reciprocidad, encuentras distancia y frialdad.

El cerebro no termina de crecer hasta después de los veinte años, y de los once a los diecisiete ocurre una gran modificación neurológica que Ian Campbell, de la Universidad de California, explica de la siguiente manera: «Cuando nace un bebé, su cerebro no está formado por completo, y en sus primeros años de vida existe una gran proliferación de conexiones celulares. Durante la adolescencia ocurre una poda de estas conexiones. El cerebro decide qué conexiones mantener y cuáles necesitan terminar». Por lo tanto, el joven todavía necesita recorrer un buen tramo antes de terminar de establecer su carácter. Por eso todavía presenta el gran egocentrismo típico de edad. Este se puede ver acentuado por el individualismo que generan las múltiples app. Los focos de atención y sus rangos de duración, a esta edad, además, son variantes: un día se puede concentrar perfectamente para un examen y al día siguiente estar disperso y olvidadizo.

• En relación a la actividad física, en ocasiones, el joven muestra interés por ella y empieza a practicar un nuevo deporte, pero en otros momentos, su grado de inmovilidad es tal, que llega a ser preocupante para los papás. Conocida es la propensión de los adolescentes a dormir más horas de las que nunca durmió en su vida. Como lo he explicado al inicio de este capítulo, en el cuerpo adolescente ocurren a partir de la pubertad importantes procesos y modificaciones físicas –tanto internas como externas– que los dejan *agotados*, a pesar de no haberse movido mucho durante el día. Además, es precisamente durante el sueño en que la hormona del crecimiento se activa.

Este contraste entre actividad e inactividad puede explicarse por distintas razones: su interés deportivo puede originarse en que sencillamente quiere ser físicamente atractivo. También suele ser una excelente ocasión de divertida convivencia con amigos. Dos poderosos motivos para moverse más. Otra posibilidad es que sea una forma de canalizar los intensos impulsos que en determinados momentos lo dominan. Por ejemplo, si tu hijo discute contigo por un permiso no concedido o por una instrucción que le diste, es posible que sienta una profunda rabia, provocada más bien por la acción de un desequilibrio hormonal del momento que por el tema mismo del desacuerdo.

El deporte también puede ser una excelente forma de desahogo de los nuevos impulsos sexuales que puedan surgir de la interacción con el sexo opuesto. Salir a correr, por ejemplo, es una sana y efectiva manera de estabilizar las sensaciones y las emociones que pueden desconcertar al joven en un momento dado.

• EXPERIMENTACIÓN. Nos guste o no, la adolescencia es una etapa en la que el joven debe probarse. Probar sus habilidades sociales, capacidad emocional, su propio marco moral y habilidades físicas. Y para eso explorará hasta dónde puede llegar, rompiendo reglas, arriesgándose, y aprendiendo en el proceso.

Como ves, los procesos internos y el desarrollo psicológico son dos factores fundamentales a considerar si quieres entender por qué tu hijo se comporta de la manera en que lo hace en determinados momentos. Como dijimos, también hay otros que tienen igual importancia: el medio ambiente que lo rodea (amigos, familia, cultura, etc.) y su personalidad.

Antes de terminar este capítulo tengo que aclarar un punto importante. Espero que hayas notado que, en especial cuando hablaba de las diferencias sexuales en la adolescencia, utilicé con regularidad los términos «en general», «tiende a», etc. Como la experiencia te lo habrá enseñado, los hijos no se comportan exactamente como explican los libros de texto. Tu hija puede tener una inmensa habilidad matemática y ser increíblemente inquieta, mientras que el varón puede ser más tranquilo y tener gran inteligencia emocional. O puedes estar gozando de un adolescente conversador que no pasa tanto tiempo encerrado en su habitación. Las diferencias con tu familia pueden ser grandes con algunas de las características que la ciencia asigna a uno u otro sexo, o con lo que suele asociarse a la adolescencia; lo importante es que sumando todos los elementos revisados aquí, más lo que tú conoces de tus propios hijos, tu comprensión de la etapa será mayor, y por lo tanto tendrás mejores herramientas para establecer una óptima estrategia disciplinaria para tu adolescente.

Conocer ciertos procesos biológicos y ambientales por los cuales tu hijo actúa de una manera determinada es poco consuelo en el momento en que es insoportable, reclamando ante cada petición que le haces, rompiendo las reglas de la casa o incumpliendo con sus responsabilidades. Para lograr un cambio efectivo en tu hijo es necesario que planees bien la estrategia, por lo que es importante que empieces por hacer lo mismo que te sugerí en mi libro anterior: INTERPRETA su conducta. **El comportamiento de tu hijo es un lenguaje. Es el mejor indicador de cómo se siente con respecto a sí mismo, en su relación con sus padres, pares y los adultos que hay a su alrededor. Por lo tanto, no «saltes» al castigo cuando algo vaya mal. No adelantes el**

sermón. Al contrario. Da un paso atrás y trata de observar toda la situación de una manera más «panorámica». Puedes preguntarte, por ejemplo, si su respuesta (expresión de hartazgo y molestia) es solo una reacción típica adolescente que, por lo mismo, es preferible ignorar, siempre y cuando cumpla con lo que le estás pidiendo. No debes permitir una franca falta de respeto, pero es muy útil «fingir que no viste» que tu hijo elevó los ojos al cielo cuando le pediste que sacara la basura.

Puedes analizar también qué tanta libertad tiene tu hijo para administrar su tiempo. **Con la llegada de la adolescencia es necesario hacer hincapié en que el joven se maneje solo, pero dentro de un marco de límites y resultados. Es decir, tú le puedes decir qué se espera de él, pero es importante que sea él quien decida cuándo e incluso cómo.** Siguiendo el mismo ejemplo de la basura, es mejor decirle a un adolescente: «Te toca sacar la basura los lunes, miércoles y viernes, antes de las nueve de la noche», que decirle que lo haga en ese preciso momento, mientras supervisas cada movimiento hasta que haya cumplido la tarea. Obviamente, si para las nueve de la noche la basura no está afuera, el joven debe saber que tendrá una consecuencia que le afectará en los que sí son sus intereses (salidas, uso de tecnología, dinero).

Otro tema a considerar, para entender la conducta de tu hijo, es la calidad del ambiente de la casa. La tensión, los gritos, depresiones, agresiones en una familia, suelen provocar cambios negativos en el comportamiento de los niños, que pueden acentuarse durante la adolescencia. Se ha comprobado una y otra vez que, al mejorar la manera en que interactúan los miembros de una familia, la conducta de los hijos también cambia positivamente. Lo mismo sucede en la relación con tu hijo. Es más probable que un niño que se siente alejado de sus padres –ya sea porque el estilo disciplinario no promueve la cercanía o porque siente un resentimiento por algún otro motivo– se rehúse a colaborar en las actividades familiares, se rebele con más frecuencia y tenga incluso un desempeño deficiente en sus estudios y en el cumplimiento de otras responsabilidades. Antes de pensar en el castigo que le impondrás a tu hijo o preocuparte por la lección que quieres que aprenda, empieza por mejorar tu relación. Busca oportunidades para conversar de temas «sin importancia» (que adquirirán su valor al ser la causa de un acercamiento), hazte más presente en momentos en donde hay calma y buen humor. Reduce la cantidad de «NO» que dicen durante el día y trata de estructurar tus mensajes de una manera más positiva y tranquila. Ya verás como la convivencia se torna más agradable, la colaboración aumentará y la rebeldía disminuirá.

III. Los amigos, la convivencia y las redes sociales

«¡Solo quiero convivir con mis amigos!».
Joaquín, trece años, explicando por qué pasa
tanto tiempo en Facebook

Para mis hijos, que nacieron cuando ya existía el acceso a internet en el hogar, escuchar que en mi niñez no había manera de comunicarse con los papás si estabas jugando en la calle, ya que no había teléfonos «portátiles» (celulares), verdaderamente les da risa o –si nos ponemos más extremos, ya con ganas de impresionarlos verdaderamente– cuando les explico cómo, para cambiar el canal de la televisión, había que levantarse y «girar la manija», las carcajadas son mayúsculas. Definitivamente, pertenecemos a generaciones distintas. Para poder entender mejor a estos jóvenes es importante reconocer nuestras diferencias, producto del momento y lugar en el que nacimos, entre otros factores.

Para explicar las diferencias entre una generación y otra, los analistas identifican los elementos históricos y culturales más importantes que influyen en la manera en que las personas de dicha generación se comportan. Estos incluyen el contexto histórico, los valores, los ídolos del momento, los símbolos, códigos, actitudes y comportamientos de cada época. «Generación social» puede definirse como «personas dentro de una población específica que viven los mismos eventos significativos en un periodo determinado de tiempo». Revisemos algunas de las características que definen a las generaciones nacidas desde el siglo XX en adelante.

Generación tradicionalista (llamada también «Generación silenciosa» en Estados Unidos). Son los nacidos entre 1928 y 1945, época de la Segunda Guerra Mundial, la Gran Depresión económica americana, gobiernos totalitaristas y procesos revolucionarios en muchos países de Latinoamérica. En lo que respecta a la tecnología, se popularizan el automóvil, el teléfono y la televisión. Sus características principales son:

- El ahorro, considerado la base de la fortuna.
- Progreso gracias a la educación.
- Dedicación, sacrificio.
- Obediencia y enorme respeto por la autoridad.
- Sencillez de vida, austeridad.
- Buenos modales, formalidad.
- Roles definidos para la mujer (madre/esposa) y para el hombre (proveedor).

Generación Baby Boomers. Son los nacidos entre 1946 y 1964. Hijos de la posguerra. En Latinoamérica se da el voto a la mujer. Se vive un gran optimismo social. Surgimiento de la píldora anticonceptiva y de las famosas protestas socioculturales de los sesenta (liberación sexual, feminismo, movimientos anti-discriminación, etc.). La mujer se incorpora como profesional al mundo del trabajo remunerado. En términos de avances tecnológicos, se introduce la televisión de transistores, la computación existe solo en empresas y eran aparatos enormes que llenaban habitaciones completas y solo eran manejados por especialistas. Las características de esta generación son:

- Experimentación.
- Oposición a valores tradicionales.
- Libertad e informalidad en las relaciones.
- Individualismo.
- El éxito y el estatus se miden por nivel de ingreso y por consumo de bienes.
- Productividad.
- Importancia de tener una profesión.
- Orientación hacia las causas sociales.
- Desconfianza en las estructuras gubernamentales.

Generación X. Son los nacidos entre 1964 y 1984. Históricamente, son los años del fin de la guerra fría, de las circunstancias que provocaron la caída del muro de Berlín, de gran incertidumbre económica, política y social, de movimientos estudiantiles y dictaduras latinoamericanas. Aparece el sida, aumenta el consumo de drogas y se incrementa el número de parejas divorciadas. En cuanto a tecnología, nace y se populariza el computador personal, se introduce la telefonía móvil y aparece internet, los videojuegos, la televisión por cable y el walkman (inicio de la «música portátil»). Entre sus características están:

- La búsqueda por el equilibrio entre vida personal y profesional.
- Orientados a resultados.
- La primera generación con un gran número de personas criadas por un solo padre (generalmente la madre), resultado del aumento de las separaciones.
- Independencia.
- Las mujeres postergan la maternidad.
- Escepticismo.
- Cultura de lo inmediato.

Generación Y. Son los nacidos entre 1985 y 1992. Históricamente están en la época de la globalización, de los atentados terroristas, de la interactividad. En Latinoamérica han vivido toda su vida en democracia. Tecnológicamente surgen los avances que le darán vida a Amazon, a Google. Se extiende el comercio electrónico y aparecen las redes sociales. Sus características:

- Respeto por la diversidad, libertad y justicia.
- La conectividad es prioritaria.
- Cuestionadores, desafiantes, irreverentes.
- Liberales.
- No son muy religiosos y son reacios al matrimonio y a los hijos.
- Realistas, alegres y energéticos.
- Optimistas.
- Son «ciudadanos del mundo».
- Le dan menos importancia al dinero.
- Trabajan sin horario establecido.
- Obsesión por la estética.
- Viven en plazos cortos.
- Les gusta viajar.
- Tienen gustos sofisticados.
- Poca lealtad organizacional.

Generación App (o «Millennials»; en Estados Unidos, también llamada «Generación net» o «Generación Z»). Está constituida por quienes nacieron después de 1992. Se les llama «nativos digitales» porque siempre han vivido en un mundo donde existe internet y han disfrutado de un enorme auge en todo lo que se refiere a tecnología. Las características de esta generación aún están en proceso de desarrollo, pero por lo pronto se ha visto que:

- Los videojuegos y el uso de aplicaciones son actividades constantes.
- Para ellos, «calidad de vida» es hacer lo que quieren.
- Quieren divertirse en el trabajo, que les guste a lo que se dedican.
- Ser distinto es un valor preciado.

Y, como ya es evidente, esta es la generación de las redes sociales, que juegan un papel crucial en la vida de los jóvenes de hoy.

Como habrás notado, todas las generaciones revisadas se han visto expuestas a los avances tecnológicos y siempre ha habido resistencia y miedo a esos cambios; la consigna de «nuestros tiempos fueron mejores» se ha venido repitiendo a lo largo de los años y se proclama con el fin de preservar los valores que a la generación les dio motivo y dirección.

En sentido inverso, cada nueva generación tiene también ideas estereotipadas sobre las que los precedieron, además de expectativas y reacciones que los llevan a diferenciarse de sus padres. Pero la verdad es que tenemos más en común de lo que los mayores nos acordamos o de lo que los jóvenes desean tener con «los viejos». **Tus hijos –como los míos– no son diferentes a ninguno de los adolescentes que los han precedido en la historia. Jóvenes de todas las generaciones hemos buscado lo mismo: un camino hacia una vida feliz. Lo que distingue a los jóvenes de hoy de los de nuestra generación no es más que la *forma* que adquiere esta búsqueda.**

Integrando este concepto, el sociólogo norteamericano Michael Gurian menciona las cuatro búsquedas que todo joven realiza en su proceso para llegar a la vida adulta, aunque yo agregaría que estas son las búsquedas que nos toma toda una vida conseguir:

- Búsqueda de identidad   → Quién es
- Búsqueda de autonomía → Ser adulto

- Búsqueda de la moralidad → Valores guía
- Búsqueda de la intimidad → Amar

Esta necesidad innata de descubrir quiénes son, a qué quieren dedicarse, en qué creen y de comprobar que son dignos de amar y de ser amados, es un proceso que se inicia en su más tierna infancia cuando el niño gatea alejándose de su madre, aunque voltea con regularidad para confirmar que ella está a una distancia segura. A partir de ese momento, el camino hacia la independencia está en marcha, aunque por muchos años no te parezca evidente porque sigues controlando la gran mayoría de sus eventos, horarios, rutinas, etc.

Un día, tu hijo llega a la pubertad y, sin que él mismo se percate, el proceso se acelera. Quiere vestirse de determinada manera –no siempre de acuerdo a los estándares familiares–; responde exasperado a las peticiones paternas; la conexión y convivencia con los amigos se intensifica; la aceptación de sus pares adquiere un papel relevante en su vida y se logra mediante su habilidad de convivir con sus amigos en los lugares «de moda». **De la misma manera en que tú tenías lugares tradicionales para verte con tus compañeros fuera del contexto escolar, tus hijos –dignos representantes de la generación App– se encuentran con los amigos en el mundo virtual. Los espacios pueden cambiar, pero los principios de socialización se mantienen similares a los nuestros, décadas atrás.**

Las redes sociales le han dado nuevos matices a la forma como manejamos la información y al modo en que nos comunicamos. Lo que hizo increíblemente populares a estas aplicaciones es que se convirtieron en una manera muy efectiva de mantenerse en contacto con los amigos. Para estos jóvenes usuarios, las redes sociales son una parte natural de su vida diaria. Les permite tener una vida en convivencia con sus pares, como la que sus padres y los padres de sus padres tuvieron. Lo que hace distinta a esta época es que la tecnología amplifica cualquier situación social porque se comparte a través de estas redes, cuyas características son:

- **PERSISTENCIA.** Se refiere a la durabilidad del contenido en internet. Las imágenes, las conversaciones, toda información transmitida a partir de estos medios, permanecerá.

- **VISIBILIDAD.** Se refiere a la audiencia potencial que puede atestiguar este contenido. La información puede ser vista por un gran número de personas, alcanzando distancias inimaginables para un joven en un momento dado.

- **DIFUSIÓN.** Se refiere a la sencillez con la que este contenido puede compartirse. Con facilidades como los botones de «Me gusta» o «Compartir», el mensaje de un adolescente puede pasar de una persona a otra sin ningún problema y a gran velocidad.

- **ACCESIBILIDAD.** Se refiere a las posibilidades de encontrar determinado contenido. Existe un gran número de herramientas de búsqueda que permiten encontrar información fácilmente.

A pesar de que los motivos (socialización e independencia) no han cambiado significativamente para las distintas generaciones, una gran preocupación y un no menor desconcierto para los padres de hoy son las situaciones problemáticas que origina la manera en que sus hijos utilizan estas herramientas que no formaron parte de su propia adolescencia. De acuerdo a lo que he escuchado en mi consulta y a distintas y múltiples conversaciones recabando información para este libro, los siguientes comentarios son comunes entre los padres: «Mi hijo siempre está con el celular en mano», «no puede estar un minuto sin verificar si tiene nuevos mensajes», «¡el sonido del WhatsApp de mi hijo (o la vibración del celular) no se detiene!».

Para entender los cambios sociales que han producido los avances tecnológicos es fundamental analizar el rol que juega el contexto familiar de cada joven. Según el Instituto Nacional de Estadísticas de Chile, cada vez son más los niños y jóvenes que pertenecen a hogares donde ambos padres trabajan o viven con uno de los dos a raíz de una separación. Las últimas dos generaciones, más que otras, pertenecen a hijos que viven con mayor ausencia paterna y materna en casa. Obviamente, y en especial cuando los niños son pequeños, los papás se aseguran de tener quien los vea por ellos durante la jornada laboral; sin embargo, estos cuidadores (personal de servicio, abuelos, etc.) limitan su supervisión a los confines de la casa y no pueden o no están autorizados para llevar y traer a los niños a los lugares de encuentro social. Transportar a los niños a las casas de sus amigos, más la tarea de cuidarlos y, en algunos casos, mantener el hogar es demasiada responsabilidad para estas personas.

Por otro lado, y en parte también debido a la masificación de la información, los padres de familia perciben que existe un mayor número de peligros que pueden acechar a sus hijos si están fuera del hogar. La gran mayoría de los padres de los niños y jóvenes de hoy jugábamos en la calle por horas enteras. Cuando yo era pequeña, mi mamá se preocupaba solo de asomarse por la ventana para llamarnos a cenar o a hacer las tareas. Con mis hermanos y los vecinos de mi edad deambulábamos por el vecindario jugando a diferentes cosas, andando en bicicleta y disfrutando de los amigos y del tiempo lejos de la supervisión adulta. Asimismo, al término del día escolar, los niños podían conversar con sus amigos mientras regresaban caminando a sus hogares. Ahora esto resulta casi imposible porque las ciudades han ido creciendo y la mayoría de las veces los colegios quedan lejos de los hogares. Esto implica que ese espacio de sociabilización desaparece porque al terminar las clases, los niños suben rápidamente a un vehículo que los lleva de vuelta a casa.

Ajustándose a estas demandas de tiempo, pero aún necesitando conectar con los amigos, la juventud encuentra en las redes sociales nuevos puntos de reunión. Para ellos, lo importante no es usar Facebook, WhatsApp, Instagram, Twitter o cualquier otra aplicación. Lo que están buscando es un «lugar» donde comentar las últimas noticias, compartir intereses, quejarse del profesor o la tarea, lamentar algún castigo… ¡lo mismo que hiciste tú años atrás!

Una actividad digna de comentar –por la frecuencia en que se practica y la polémica que genera entre los adultos– es el *«selfie»*. El término surgió por primera vez en el 2009, definido por el sitio Urbandictionary.com como «una foto que tomas de ti mismo para publicarse en Facebook, MySpace o cualquier otra red social», y ha sido sumamente analizado por padres y expertos, con visiones contrastantes.

Unos piensan que es una muestra del narcisismo predominante en la juventud de hoy; que este autorretrato es solo una extensión del intenso egocentrismo adolescente. Otros, entre los que me encuentro yo, pensamos que es una parte de la exploración natural que los muchachos hacen en su búsqueda de identidad. Experimentan con diferentes vestuarios, se fotografían desde distintos ángulos y en diversos lugares, para encontrar la postura con la que se identifican más, con la que se sienten más cómodos, y así expresar su estado de ánimo.

El selfie es una herramienta más de expresión de la generación App, y aceptarla como tal te ayudará a conocer más a tu hijo, facilitando tu labor formativa. Como en toda actividad que realicen los hijos, los papás deben guiar y establecer límites para enseñar cuál tipo de imagen es adecuada y cuál no. Esto puede ser complicado, ya que es necesario hacerle entender algo muy difícil de captar a esta edad: cómo perciben los demás un selfie en específico. Al adolescente puede parecerle adecuado su autorretrato, pero los demás podrían tildarlo de sugestivo o francamente inapropiado. Pero es mejor tener conversaciones sobre estos temas, en lugar de bloquear su cuenta en Facebook o quitarle el celular. Se ha dicho que los jóvenes están perdiendo su habilidad de convivir en el mundo real, que dejan de disfrutar lo que está a su alrededor por estar «pegados» a una pantalla, que «pueden estar más conectados, pero las conexiones son cada vez menos *reales*», como dicen Howard Gardner y Katie Davis en su último libro.

Pero obsérvalos. Cuando están con amigos en sus casas o en algún otro lugar, la interacción es intensa y hay una gran convivencia.

Incluso cuando están viendo algo en su celular, invitan al grupo con el que están a verlo con ellos, haciendo del celular, el videojuego o la aplicación específica del momento, el medio y no el fin para acercarse a quienes más les importan. Nuevamente, la manera en que se comunican e interactúan demuestra que la tecnología no es el fin, sino el medio para acercarse a sus amigos.

Como vimos anteriormente, los medios de comunicación suelen satanizar (visión distópica) o idealizar (visión utópica) la tecnología, especialmente cuando es usada por menores de edad, porque los puntos de vista extremos suelen vender bien, por lo que encontramos un gran número de noticias y reportajes alrededor de este tema, en su gran mayoría alertando a los papás sobre un nuevo peligro en las redes sociales.

Es bueno estar informados, por supuesto. Conocer la mayor cantidad de las aplicaciones de moda (¡es imposible conocerlas todas, pues surgen nuevas a cada momento!) y saber cómo funcionan te permitirán formar un criterio en el cual basar tu estrategia educativa, todo con el fin de establecer lineamientos que te ayuden a crear una buena vida para tus hijos. Pero no dudes un segundo de que tus hijos están haciendo –al «estilo siglo XXI»– lo mismo que hiciste tú en su momento. Las aplicaciones nos han proporcionado un amplio abanico de herramientas, formatos y plataformas que nos permiten conectar con los demás. Nunca antes había sido tan fácil estar cerca de otros. Para algunos jóvenes es hasta más fácil comunicar lo que sienten de esta forma (por mensaje antes que «presencialmente»). Pero hay que tener cuidado si predominan este tipo de relaciones en la vida de nuestros hijos, en las que el contacto físico no existe y que tienden a reforzar nuestra propia visión de mundo. Todo depende del uso que le dé. Y hay que estar alertas a la calidad de las relaciones de esta generación: si utilizan las aplicaciones para evitar la incomodidad que conllevan las relaciones interpersonales o como herramientas para consolidar amistades.

Los jóvenes quieren compartir intereses, quejarse, coquetear, chismear, bromear y pasarlo bien. Su motor es la amistad. Para entenderlos es necesario que te alejes de los comentarios «amarillistas» de quienes solo buscan alarmarte, y que sencillamente profundices tus conocimientos de lo que significa ser adolescente para encontrar la mejor manera de guiar a tu hijo.

IV. La dinámica «adolescentes - redes sociales - papás»

«¡Hijos, cero pantallas!».
Mónica, mamá de adolescentes,
cuando la familia se sienta a comer

Cecilia, de catorce años, es callada y taciturna cuando está en casa. Tiene momentos en que vuelve a ser esa pequeña alegre y conversadora que era antes, pero a su mamá, Inés, le parecen cada vez más esporádicos. Está siempre en el computador o con su celular, revisándolos a cada momento. Cada vez que va a salir con sus amigas y su mamá le recuerda la hora a la que debe estar de regreso, gruñe y contesta mal... pero finalmente termina haciendo lo que le piden. Va con su celular a todas partes y cada treinta segundos verifica si tiene un nuevo mensaje.

Cecilia va a una fiesta a la casa de una amiga y días después Inés se encuentra con la mamá de esta amiga, quien le dice: «¡Qué conversadora es Cecilia! Llegó temprano y nos ayudó a terminar de preparar las cosas para la fiesta. ¡Qué educada y alegre hija tienes!». Y así sigue describiendo a esta niña que no se parece a la misma adolescente que vive con Inés… ¿Qué está pasando?

A Inés esta «doble identidad» le resulta desconcertante. Por lo tanto, cuando su hija entra a este espacio enorme y desconocido que es el mundo virtual, su primer impulso es poner todos los impedimentos que se le ocurren para limitar su incursión en este terreno.

En realidad, Cecilia está demostrando que tiene las habilidades sociales necesarias para manejar adecuadamente una situación como la descrita por la madre de la amiga. Porque, seamos sinceros, cuando cualquiera de nosotros se enfrenta a una situación que involucra un grupo que nos importa –sea de manera social o profesional–, mostramos lo que decidimos que será lo más adecuado para dar una buena impresión.

Es normal que en esta etapa un niño busque su autonomía, lo que necesariamente lo llevará a no tener siempre la mejor actitud y disposición entre sus más cercanos. Lo que quiere es establecer una distancia física y emocional con ellos, de tal manera que pueda experimentar el papel que juega en sociedad y, por eso, la adolescencia debe ser una instancia en la que compartir con amigos y buscar espacios que le permitan vivir la separación gradual necesaria para aprender a valerse por sí mismo. Estas experiencias ponen a prueba precisamente lo que sus padres le han enseñado, exponiéndolos a vivencias, puntos de vista y maneras de hacer las cosas muy distintas a lo que ha visto en su hogar. La generación App vive estos procesos esperados de su desarrollo adoptando las nuevas formas de convivencia y comunicación. Es por esto que para ellos reunirse en las redes sociales les resulta natural, ya que estos sitios existen desde que nacieron. Un estudio sobre la adolescencia y la juventud realizado por el Centro Reina Sofía en 2014 reporta que los jóvenes dijeron sentirse «aislados, incomunicados e incompletos» cuando no usan las redes sociales, y que no sabrían cómo «rellenar rutinas, integrarse o socializarse» sin ellas. El mismo estudio –como muchos otros– refleja las ventajas que los adolescentes encuentran en la tecnología para «eliminar la vergüenza o la timidez, democratizar el flirteo y mantener el mayor número de relaciones». Las redes sociales les ofrecen, además, la privacidad que tanto anhelan, ya que ahí pueden aislarse de la supervisión intensa de sus padres y del oído de sus hermanos.

Los jóvenes no desconocen por completo los riesgos que la tecnología conlleva. Conocen el «ciberbullying» (páginas para acosar, humillar y maltratar a una persona; crear identidades falsas para dejar comentarios hirientes o agresivos, etc.), pero no dominan absolutamente el tema. No están por completo ignorantes de lo que sucede en el mundo de la tecnología, pero requieren de la asesoría de sus padres para hacerlo mejor. Solo porque manejan con habilidad las últimas aplicaciones de moda, no quiere decir que tengan la experiencia para calcular las consecuencias que estas actividades implican. Suelen ser más confiados e inocentes, obviamente.

El mundo de las redes sociales es un terreno tan desconocido para un niño como lo es la vida real. Es decir, lo primero que un pequeño conoce es su casa, a sus cuidadores primarios, a la familia. Crece un poco más y va al jardín, para después ser invitado a casas de amigos (en un contexto muy «vigilado», ya que siempre hay un adulto a su alrededor). Sigue con el colegio y ya más entrado en años empiezan las fiestas en donde la cantidad de adultos es mucho menor que el número de jóvenes asistentes, por lo que empiezan a abrirse ciertos espacios de libertad. Y así van creciendo las distancias entre padres e hijos al mismo tiempo que se van ajustando los límites establecidos de acuerdo a la edad y conducta de cada joven.

En cada etapa, tú, como padre o madre de familia, le vas enseñando a tu hijo cómo moverse en los nuevos espacios que se le van abriendo: «Di gracias», «saluda al llegar». Le explicas cómo realizar diferentes tareas, estableces límites para enseñarle autocontrol, conversas sobre sexualidad, discriminación, bullying, etc., que no son temas nuevos, pero que ahora deben manejarse desde la perspectiva de su interacción con la tecnología, ya que internet hace más visible lo bueno, lo malo y lo feo de la vida cotidiana.

Los niños de hoy crecerán en un mundo en donde la tecnología estará presente en muchas de sus vivencias y oportunidades, y por eso la perspectiva adulta es fundamental para guiarlos hacia el mejor manejo de la misma. Pero los responsables de la formación de los niños debemos acercarnos con precaución.

En el ejemplo del inicio del capítulo puedes haber quedado inquieto por la conducta de apariencia «incongruente» de Cecilia. No solo porque comparas los comentarios de la mamá de su amiga con la observación que ha hecho Inés del comportamiento en casa, sino principalmente porque ella quiere «recuperar» a la niña jovial, cooperativa y conversadora que era antes. La madre de Cecilia, motivada por la preocupación y el amor que le tiene, y con el fin de saber si existe algún problema en la vida de su adolescente, puede empezar a investigar ese mundo que le resulta más desconocido: la interacción con sus amigos a través de la tecnología. De este modo entrará a su perfil en Facebook y revisará los comentarios de ella; verá su Instagram y Twitter. Puede incluso llegar a pedirle el celular para entrar a sus conversaciones en WhatsApp.

En un caso como este, antes de alarmarte por lo que estás leyendo es importante que tengas claro la importancia del *contexto*. Un día, tu hija pudo haber estado bromeando en el colegio con sus amigas. Pensemos que la conversación tenía un contenido sexual, pero absolutamente inocente y apropiado para su edad. La broma continúa cuando cada una está en su casa, chateando en grupo. Al revisar el contenido de esta conversación, totalmente fuera del contexto de la conversación iniciada en el colegio, te alarmas intensamente. Crees entender lo que está sucediendo, pero no estás considerando lo que pudieron estar hablando tu hija y sus amigas anteriormente. La falta de contexto puede provocar una respuesta desproporcionada o francamente equivocada, pues dicha conversación sucedió en un momento distinto, con circunstancias específicas y en donde regían normas distintas a las que están en curso cuando tú lees ese contenido.

Lo que la gran mayoría de los jóvenes no suele considerar –por inexperiencia e incluso inmadurez neurológica– es que existe una alta probabilidad de que otra persona (no necesariamente un adulto) tenga acceso a esa misma información y no conozca el contexto para entender por qué fue publicado algún comentario, imagen o idea. Hace algunos años, una jovencita (llamémosla Teresa) estaba en clases. La profesora exponía su materia –y sin que le importara mucho– sus alumnos hacían cualquier cosa menos prestarle atención. Teresa decidió grabar un video de lo que estaba pasando con su celular, y luego subirlo a Facebook; en la grabación se veía a una alumna pintándose las uñas, a un joven absolutamente dormido y a otros haciendo cualquier cosa. Muchos de sus amigos apretaron el botón «Me gusta» al video, haciendo que esta interacción apareciera en sus propios perfiles, en donde los amigos de los amigos de Teresa pudieron ver el video también. Esto condujo a que el contenido llegara a la mamá de uno de ellos que trabajaba en el colegio. De pronto, la niña se vio en un problema disciplinario. Además de que era clara la evidencia de que no estaba prestando atención en clases, estaba –a ojos de la institución– desprestigiando al colegio. En opinión de los profesores, la imagen de Teresa se había dañado y esto podría originar prejuicios que perjudicarían el desempeño académico de la joven. Teresa no sabía que la reputación de una persona se construye en base a la información que ella misma provee, a través de lo que comparten sus amigos y por la respuesta que obtiene de otras personas.

Estos dos factores –sacar de contexto la información y el alcance de la misma (difusión)– no están en la mente de los adolescentes cuando publican algo en las redes sociales, y no saben que puede afectarles de una forma que pudieron prever. Por ejemplo, se ha reportado que muchos jóvenes han tenido dificultad para encontrar trabajo debido a la información que las empresas encuentran en sus propios perfiles de Facebook.

Las aplicaciones como Facebook o Instagram, por mencionar solo dos, están pensadas –como lo explicaba en el capítulo anterior– para socializar. Un joven que empieza a «salir al mundo» tiene una intensa necesidad de pertenecer al grupo que le resulta familiar, con el que se siente a gusto. El adolescente tratará de que las interacciones con los amigos de ese círculo social le aseguren popularidad y vayan acorde a las normas que sostienen a ese grupo. No trata de engañar y tener una «doble identidad», como pensaba Inés sobre su hija. Para ella, como para Teresa y los jóvenes en general, las redes sociales son un medio para integrarse y mantenerse conectados, por lo que en ocasiones publicarán imágenes o comentarios que se incorporan naturalmente a la cultura del grupo, pero que pueden dañar su imagen pública vista desde otra perspectiva, como la laboral.

Así, se vuelve necesario aprender a administrar adecuadamente la imagen que se proyecta cuando se está «en línea». Una de las funciones que tendrás como padre de un miembro de la generación App es enseñarle

que la representación que lo identifica como determinada persona (la que el propio adolescente decida que es) no depende solo de sí mismo, es un proceso social. Más adelante te daré algunas ideas sobre cómo apoyarlo en este camino.

Como padre, también es importante que aprendas a calibrar tus reacciones al encontrarte con material que ha sido sacado del contexto en el que fue publicado. Por ejemplo, si etiquetan a tu hijo en una foto en Facebook en la que aparece con un cigarro en la mano, no saltes a llamarle la atención asumiendo que fuma, ya que, a lo mejor, al momento que un amigo le pedía que le sostuviera el cigarro, alguien más le tomó la fotografía. Recuerda la importancia del contexto y utiliza tu estrategia formativa para entablar conversaciones que no sean tan específicas como la imagen que viste en Facebook, sino para profundizar sobre los valores que quieres que tu hijo aprenda, dándole herramientas que finalmente le ayuden para la vida.

Si seguimos con el ejemplo del cigarro, será importante que toques el tema —no en una sola conversación, sino en varias y en distintos momentos– de las adicciones, de la presión social, del daño físico que provoca fumar, etc. Si centras tu conversación en la foto que viste publicada, no solo correrás el riesgo de acusarlo erróneamente, sino que también sentirá que infringiste su privacidad, haciendo infructuosa tu «charla formativa».

Los adolescentes están en proceso de integrarse a una sociedad con una cultura en la que la tecnología está ineludiblemente presente. Entender la idea de contexto es muy difícil y requiere de tiempo y pericia para enseñarla. Entiendo que esto puede resultar amenazante para unos padres que ahora no solo deben preocuparse por el comportamiento de su hijo fuera de casa, sino también de lo que el joven puede estar publicando desde su propia habitación; pero les podré ayudar en este novedoso camino tecnológico si entendemos mejor lo que ellos viven cada día.

Al publicar en estas redes sociales comentarios y fotografías en los que exponen su vida, pareciera que los adolescentes no le dan importancia a la privacidad que anteriormente destacaba como una de las características típicas de esta etapa. De hecho, los papás me reportan con gran ansiedad frases e imágenes que su hijo y/o sus amigos suben en las distintas redes sociales, afirmando que eso demuestra el poco pudor que la juventud tiene en relación a su vida en general. Sin embargo, muchos estudios y encuestas reflejan que la privacidad es un tema que es prioritario para ellos, pero que la entienden de una manera muy diferente a como la ven los adultos. Los jóvenes quieren mantener un espacio de privacidad ajeno a quienes son las figuras de autoridad en su vida. Quieren liberarse, aunque sea un poco, del poder que los adultos que los rodean tienen sobre ellos. Buscan que profesores, papás y personas mayores en general no se metan «en sus asuntos», pues, como lo dice Danah Boyd, «existe una gran diferencia entre estar en público y *ser* público».

La exposición a la que estamos sometidos en este mundo de extrema conexión es un tema complicado, aun para los mayores de edad. Pero para los jóvenes es una ecuación muy sencilla: quieren usar la tecnología para

comunicarse con sus amigos, no para que sus padres puedan estar al día en sus vidas.

En cualquier caso, entrometerte en las conversaciones de tus hijos, solo porque puedes tener acceso a ellas, es una falta de respeto. Sus publicaciones deberían ser tan privadas como cuando están con un amigo en su habitación con la puerta cerrada. Los jóvenes necesitan de ese espacio aislado, distanciado de quienes dirigen y supervisan todos sus movimientos, para ser algún día independientes, autónomos y capaces de sostenerse por sí mismos.

Es curioso cómo puede dejar de estar de moda una aplicación porque los padres empiezan a usarla con el fin de tener acceso a sus hijos. Los niños corren hacia la siguiente herramienta de comunicación con el fin de encontrar este universo individual. Y no porque quieran esconderse. Mucho menos porque estén haciendo algo malo. Solo quieren privacidad. Esto lo pude comprobar un día en que estaba conversando con un grupo de padres de familia. Sus hijos, adolescentes de entre quince y diecisiete años, estaban reunidos a corta distancia de nosotros, alcanzando a escuchar lo que hablábamos. Cuando los papás empezaron a comentar sobre Facebook y su participación en esta red social, escuché a un joven decir: «Por eso yo prefiero no publicar tanto en Facebook y mejor chatear con mis amigos por WhatsApp. Así, mis papás no están revisando lo que les digo. Mis papás me echaron a perder Facebook». El resto de los jóvenes asintieron e hicieron comentarios similares, coincidiendo con el punto de vista de su amigo.

Un poco después de que apareció Snapchat (aplicación para enviar fotos y mensajes que se destruyen en un máximo de diez segundos), se difundió una noticia que indicaba que los adolescentes la estaban usando para «sexting» (contracción de *sex* y *texting*, que alude al envío de contenidos eróticos a través de teléfonos celulares). Chris Kelly, en el blog *Survata,* dedicado a la investigación de mercado, entrevistó a más de cinco mil jóvenes sobre este tema y encontró que casi el 80% de los usuarios de Snapchat NO lo usaban con ese propósito. De hecho, el sexting es menos frecuente en Snapchat que en otros medios de mensajería de texto.

Con esto **podemos concluir que, en sí misma, una aplicación no provocará una conducta inapropiada en los jóvenes. Nuevamente, la capacidad de difusión de la información puede hacer surgir mitos que influyen en la manera en que los padres reaccionan ante la tecnología. Pero el problema no será el aparato o la herramienta, sino los valores en los que se sostiene el joven que está dándole un uso inadecuado a los instrumentos de comunicación.**

Tu trabajo como padre/madre de familia no es prohibir el uso de la tecnología, sino más bien en algo mucho más profundo, y por lo mismo más permanente: se trata de formar al joven en valores lo suficientemente firmes como para que, al final de la adolescencia, cuando el carácter acaba por estructurarse, el ahora adulto pueda sostener una conducta íntegra que le permitirá tener una vida tranquila y feliz.

Como hemos comentado anteriormente, el camino para lograrlo no es mediante la intromisión en la vida de tu hijo. A pesar de que la creencia general vincule al «buen padre o madre» con quien sabe todo sobre su hijo, es importante subrayar que el «buen padre o madre» es aquel que le permitirá a su hijo tener un espacio en el que se pueda mover con cierta libertad. Y esta libertad se establece por los límites que cambian gradualmente conforme el niño va creciendo y se va desarrollando su nivel de madurez.

Desde la más temprana edad es fundamental establecer un ambiente de confianza y dc expectativa de buen comportamiento. Una estrategia disciplinaria orientada hacia estos objetivos obtiene resultados positivos en los hijos, pues por inaccesibles que estos parezcan en sus peores momentos de la adolescencia tienden a buscar la aprobación de sus padres (¿o no sigue siendo importante para ti, aun ahora, escuchar un «¡Muy bien!» de tu mamá o papá?). La creencia de que tu hijo se comportará de manera adecuada, independientemente de las «circunstancias tentadoras», sin duda motivará al joven a actuar en concordancia. Desde luego, estas claras expectativas tienen que venir en una estrategia que contemple además límites sanos y el establecimiento de firmes consecuencias.

A muchos adolescentes no les importa darles a sus padres las claves de acceso a sus redes sociales, como parte de las reglas de la casa, para un «caso de emergencia». Los jóvenes esperan, a su vez, que sus papás no «husmeen» en sus cosas. Aunque te veas tentado a investigar las redes de tu hijo para saber en qué está su vida, puedo decirte que esto no es necesario: **su conducta será tu mejor «termostato»**. Como lo comenté anteriormente, el comportamiento del adolescente es el mensaje más claro de su estatus. Si tu hijo está tranquilo, se le nota contento, cumple con sus responsabilidades y, en general, es el joven que siempre ha sido, con todas las dificultades propias de la adolescencia, no hay por qué «revisar sus cajones».

La supervisión es un mecanismo de control. Cuando los hijos son pequeños y hay mucho que enseñarles, es lógico que la vigilancia sea más estrecha, pero cuando llega la adolescencia, la custodia debe relajarse, pues la excesiva supervisión en los jóvenes es una forma de opresión que impide que aprendan a tomar decisiones por sí mismos.

Intentar dominar a los adolescentes, además de que suele ser inútil, provoca actos cada vez más agresivos de rebeldía. La agresión no necesariamente se traduce en violencia (gritos o amenazas ante las prohibiciones), pero sí muchas veces en conductas de alto riesgo que ponen en peligro la integridad física y emocional del joven. Tu hijo no demanda privacidad porque quiere desobedecerte. Solamente está buscando un espacio en donde nadie ejerza poder sobre él.

Pero para los padres, este mundo adolescente, alejado de su supervisión, les preocupa infinitamente, más cuando lo ven vinculado tan estrechamente a la tecnología. Muchos términos se han sobredimensionado y se usan inadecuadamente, provocando una percepción errónea de la realidad. Por ejemplo, es común escuchar la palabra «bipolar» cuando alguien describe a una persona que rápidamente cambia de humor o es indecisa. La bipolaridad es un grave trastorno neurológico que va mucho más allá de los cambios repentinos de humor. Lo mismo sucede con el déficit de atención (TDA), que ahora se emplea para explicar cualquier distracción u olvido. Asimismo, el término «adicción» se está usando con frecuencia para explicar la relación de los jóvenes con la tecnología y sugiere que la intensidad de su uso pudiera ser patológica. En pocas palabras, parece indicar que los adolescentes son incapaces de equilibrar el uso de las redes sociales adecuadamente con el resto de sus actividades. **Pero la realidad es que resulta más sencillo culpar a la tecnología, desviando la atención de otros factores que también están en juego, como por ejemplo la estrategia disciplinaria familiar.**

Tal vez tú pasabas largas horas al teléfono conversando con amigos o novios. Si tus padres no se encontraban en la misma habitación en la que tú conversabas, posiblemente no se daban cuenta del tiempo que había transcurrido. Solía suceder que, hasta que alguien más necesitaba el aparato, nadie se había dado cuenta de la cantidad de minutos que habías estado al teléfono. La portabilidad de los dispositivos permite que el contacto sea más directo y más evidente, ayudando a la percepción de un uso más intenso que el que sucedía «en tus tiempos».

También hay que considerar que la interacción entre los jóvenes ocurre en el intercambio de mensajes cortos y rápidos. Las conversaciones se desarrollan en el transcurso de todo el día, con múltiples interacciones intermitentes de corta duración. Esto da la impresión de que *siempre* están conectados e indiferentes de lo que sucede a su alrededor. Pero los jóvenes no están aislados del mundo. Siguen conversando, compartiendo y conviviendo a través de mensajes de texto y otras herramientas tecnológicas.

Para que la interacción amistosa se mantenga en los niveles propios de la etapa en la que están tus hijos, es importante –como lo es en muchas otras áreas de formación– establecer lineamientos de uso.

Como es natural, un niño querrá hacer durante mucho tiempo algo que le gusta y, como el área neurológica encargada del autocontrol no se termina de desarrollar hasta el final de la adolescencia o el principio de la edad adulta, el joven requiere que sean sus padres quienes definan los parámetros de uso de la tecnología, para que, cuando esté en una edad en donde tu supervisión deba ser más reducida, él sea capaz de manejarse adecuadamente.

Cada familia, de acuerdo a la cultura que se haya establecido en casa, basada en la filosofía educativa de ambos padres, debe establecer dichas medidas; sin embargo, a continuación comentaré algunos puntos con el fin de dar información adicional que ayude en tu reflexión:

EDAD PARA DARLE CELULAR A UN HIJO. No hay una edad ideal, por supuesto. Sin embargo, personalmente creo que el manejo del celular entre padres e hijos se facilita cuando se le define como una *herramienta*. No es un regalo de cumpleaños, no es un premio por desempeño escolar o buen comportamiento. Es un instrumento que permite que te comuniques con tu hijo cuando sea necesario. En base a este argumento debiera entregársele un celular a un niño cuando, por ejemplo, empieza a caminar solo del colegio a su casa. Cuando, independientemente de que alguien lo cuide mientras estás en el trabajo, tú consideras necesario tener una forma de hablar «sin intermediarios» con él. Estos criterios ayudan no solo a establecer la edad en la que disfrutará de este aparato, sino que también será útil para cuando, llegando a la adolescencia, decida no contestar a alguna –¡o a muchas!– de tus llamadas porque sencillamente *no tiene ganas*. Más adelante me referiré a las rápidas respuestas «explicativas» (llamadas también «excusas») que dan los hijos para no contestar tus llamados y te proporcionaré algunas sugerencias para su manejo.

ACCESO A INTERNET. La generación App, desde muy temprana edad tiene la experiencia de usar un computador, una tablet o un celular, y de estar «en línea». Muchos juegos educativos y de entretenimiento están dirigidos a la primera infancia y, si no los utilizan en casa, lo hacen en el jardín infantil, por lo que la tecnología es parte de su vida cotidiana prácticamente desde que tienen uso de razón. Evidentemente, que usen uno de estos dispositivos no quiere decir que estén preparados para conectarse a internet. Antes de los dos años pueden haber empezado a «jugar» con la tecnología (¡existen juegos y aplicaciones para esta edad!), pero participar en juegos que le abren la posibilidad de interactuar con amigos (o desconocidos) que están «en línea» debería llegar mucho más tarde. Incluso, en ese momento (segunda infancia) deben estar bajo la estrecha vigilancia de los padres, no solo asegurándose de que la configuración de seguridad sea la adecuada para la edad del niño, sino también preguntando (para aprender más sobre su mundo) y conversando (para enseñarle los valores que desean que adquiera) con regularidad.

En cuanto al manejo de la conectividad en el celular, es necesario permitir una adaptación gradual para que se vayan adoptando conductas de manejo sano. De esta manera, **el primer celular de un niño debería solo permitir la entrada y salida de llamadas telefónicas.** Dando previas muestras de madurez y responsabilidad correspondientes a su etapa de desarrollo, el dispositivo podría evolucionar –años más tarde– a uno que sea capaz de conectarse a una red inalámbrica (wifi) para que finalmente, en base al buen comportamiento del joven, pueda disponer de un celular con un plan multimedia que le permita estar conectado a internet vía satélite.

Es muy distinto ser capaz de entender el funcionamiento de diversas tecnologías a comprender lo que es la responsabilidad y el autocontrol. Estas dos últimas competencias son territorio formativo de los padres de familia y por esta razón es que necesitamos ser prudentes en lo que les permitimos manejar a nuestros hijos. Darle un aparato con todas las capacidades de conexión cuando el niño es muy joven es entregarle un poder que no sabrá utilizar adecuadamente (en el contexto valórico) y terminará por afectar su relación contigo, además de producirle ansiedad y probablemente problemas de conducta.

Es fundamental, pues, que como papá/mamá hayas instaurado valores firmes y hábitos positivos que le permitan a tu hijo –cuando llegue a la adolescencia y la supervisión haya disminuido (como corresponde)– mantener un manejo adecuado de todo lo que involucra el acceso a internet.

Uso de redes sociales. Para un niño, cualquier proceso de socialización debe ser gradual. Su incursión en el mundo va de la mano de sus papás, hasta el momento en que es capaz de manejarse por sí mismo. El mundo es un lugar enorme y desconocido que requiere ser revelado poco a poco y con la mayor tranquilidad por alguien con experiencia que le enseñe al adolescente a manejarse de manera segura y habilidosa. El universo tecnológico es parte de lo que, como padres, debemos ir mostrando a nuestros hijos en la etapa de desarrollo adecuada y de la mejor manera.

Cuando empezó a funcionar Facebook, la red social estableció que la edad mínima para poder registrarse eran los trece años, con la idea de que los usuarios tuvieran la capacidad suficiente para entender los acuerdos de uso adecuado y supieran manejar las diferentes características de la aplicación. En realidad, esta restricción es totalmente simbólica, ya que solo se requiere poner una fecha distinta a la real para poder tener un perfil en su sitio. De esta manera me encontré sobrinos que, según su página en Facebook, habían nacido en 1963, ¡pero yo sabía que tenían doce años!

Las restricciones de las aplicaciones para el computador, el celular o la tablet no son obstáculo para los representantes de la generación App, evidentemente. No podemos –ni debemos– entregarles a los creadores de estas herramientas la formación moral de nuestros hijos. No nos servirá de mucho esperar que establezcan límites lo suficientemente eficientes como para que nos crucemos de brazos; el trabajo es completamente nuestro.

Estoy de acuerdo con que redes sociales como Facebook, Twitter, Instagram, etc., deberían empezar a utilizarse a partir de la adolescencia (trece años aproximadamente), ya que llegada esta edad ya habrás puesto en práctica diversas estrategias para enseñarle un adecuado manejo social y habrás conversado con él sobre los cuidados que debe tener al momento de usar este tipo de instrumentos, así como las distintas maneras de denunciar el peligro que encuentre. Además, a esa edad el nivel de madurez te permitirá tener conversaciones en donde se traten conceptos más profundos y se discutan ciertos valores. Hay que tener en cuenta, además, que plataformas sociales como Facebook pueden llegar a aumentar la sensación de soledad. Hay testimonios de jóvenes que prefieren cerrarlos cuando ven fotografías de fiestas a las que no han sido invitados o porque sienten que los otros se relacionan con personas más interesantes y se divierten mucho más que ellos. Algunos siguen los logros de los otros y en esta actividad *voyeurista* se tornan más competitivos y están menos satisfechos.

Obviamente, si no has vivido este proceso formativo con tu hijo, estás aún a tiempo para empezar. No importa cuánto tiempo ha estado activo en las redes sociales, siempre es un buen momento para preparar al joven para enfrentar la vida. Como buen adolescente, es posible que se queje intensamente cuando quieras conversar con él sobre esto. Podrá haber muchas malas caras, frases como: «¡Todo eso ya lo sé! No me lo tienes qué decir», pero no te inhibas, dile lo que debes decirle de cualquier manera. Porque estas lecciones no son solo para manejar adecuadamente herramientas sociales. Son lecciones de vida.

Es posible que decidas permitir a tu hijo hacer uso de Facebook u otras redes sociales a una edad más temprana. Espero que no sea por la «presión social» que ejercen otros padres en reuniones escolares o porque notas que muchos compañeros de tu hijo las están usando. El criterio no debe estar basado en lo que los demás están haciendo; conocer los fundamentos por los que otros papás permitieron a sus hijos el uso de redes sociales puede ayudarte a formar tus propios criterios y a establecer las razones por las que a ti te parece adecuado que tu hijo use redes sociales cuando no ha llegado a la adolescencia. La razón no solo es que toda estrategia educativa debe estar basada en los principios filosóficos que establezca cada padre de familia. Es importante que sepas por qué le das este permiso porque luego tendrás que darle los argumentos a tu hijo. Cuando este es más niño, la explicación debe dirigirse a establecer que este permiso es un *privilegio*. Es decir, puede tener perfil en Facebook siempre y cuando lo use adecuadamente. Esto incluye, por supuesto, no descuidar las responsabilidades académicas, participar en la convivencia familiar, cumplir con sus obligaciones en casa, etc.

Debo de incluir algunos incisos que considero importantes dentro de este tema:

«ETIQUETA DE BUEN COMPORTAMIENTO SOCIAL». Al ser medios muy convenientes de comunicación, a un niño se le hace fácil invitar a una jovencita al baile escolar a través de WhatsApp. Muchos «noviazgos» juveniles han empezado y terminado a través de mensajes de texto, o publicando un nuevo «estatus» en su perfil de Facebook. También por estos medios algunos jóvenes consideran adecuado felicitar a familiares y amigos por cumpleaños, graduaciones y hasta para dar pésames por defunciones. Los padres deben promover las relaciones profundas y a largo plazo y explicarles a los hijos que si no lo consiguen sobreviene una sensación de aislamiento y desconexión. Por lo tanto, hay que supervisar y tener olfato para ver si nuestros hijos usan las aplicaciones para reforzar las relaciones presenciales o para sustituirlas. Una de las cualidades de las relaciones profundas es la vulnerabilidad de quienes participan de ellas. «Comunicar al otro lo que uno piensa o siente, la mayoría de las veces, es incómodo; pero asumir ese riesgo es, precisamente, lo que nos acerca a los demás», dice Howard Gardner en su última publicación.

De la misma manera en que le enseñaste a tu hijo a decir «gracias» y «por favor» cuando correspondía, le será de gran utilidad –ahora y para siempre– que aprenda a distinguir la importancia de los eventos que irá viviendo conforme vaya creciendo, y sepa responder a la altura de las circunstancias. Hay muchas oportunidades adecuadas para mandar mensajes de texto, y hay muchas otras, por supuesto, en donde sencillamente es grosero hacerlo. Ayúdale a tu hijo a identificar cuál es cuál, a través de ejemplos cotidianos; mencionas en familia, por ejemplo, cómo fue que felicitaste a determinada persona por su cumpleaños y por qué no lo hiciste a través de alguna red social. O, al revés, comenta que lo hiciste a través de una de estas herramientas, explicando la razón de tu decisión. En tu conducta y mensaje le transmitirás a tu hijo los valores que son importantes en casa y qué tipo de acciones no se consideran permitidas dentro de ese marco.

«ACEPTACIÓN DE AMISTAD» de tu hijo en las distintas redes sociales. Este es un punto que le resulta inquietante a muchos padres de familia. Por lo que he podido identificar, tanto la aceptación como el rechazo a una solicitud de amistad paterna tienen sus lecturas. Que el joven acepte a sus padres como amigos, por una parte, indica que hay una buena relación. Que se llevan bien. Además, los papás consideran parte del cumplimiento de su responsabilidad tener libre acceso a todas las áreas de la vida de su hijo. Este voto de confianza debe estar respaldado con una respuesta de correspondencia equivalente: no puedes abusar del acceso que tienes a la vida de tu hijo.

Como ya cometamos, revisar el perfil de tu hijo en cualquier red social es un mensaje muy negativo y dañino para tu relación con él, ya que pareces estar buscando algún indicio de conducta problemática o comportamiento que requiere «corrección». Aun cuando el joven ha dejado su página de Facebook abierta en el computador familiar, es importante (y mejorará considerablemente la imagen que tu hijo tiene de ti) que la cierres *sin revisar*, cuando no hay motivo para hacerlo. En esta última frase está el criterio: solo se investiga cuando hay algún motivo de preocupación. De hecho, te sugiero lo siguiente: cuando tu hijo se inicie en el uso de estas herramientas y hablen de tu participación en ellas, explícale que nunca revisarás sus cosas, virtuales o no, siempre y cuando él esté cumpliendo con sus responsabilidades y, en general, se vea como un joven sano, alegre y normal. Pero que, si tú tuvieras algún motivo para pensar que él está en problemas, le preguntarás y si no te explica nada, entonces te verás en la necesidad de investigar *en todas partes* (amigos, celular, redes sociales, su habitación, etc.), con el fin de cumplir con tu obligación de padre que es asegurar su bienestar físico, moral y emocional.

¿Y si tu hijo NO quiere aceptar tu solicitud de amistad? Hay familias en las que esta es la condición para que su hijo tenga un perfil en cualquier red social. No está mal. No le pasará nada al adolescente. Esas son las reglas de su casa y debe acatarlas. Aplica, sin embargo, la misma condición para los padres: no «entrometerse» en la vida virtual del joven si no hay motivo.

Pero si tú estás de acuerdo en que tu hijo no «sea tu amigo» en las redes sociales, es necesario establecer algunos criterios: el primero y muy importante es que este privilegio se le conceda en la segunda mitad de su adolescencia, es decir, no antes de los dieciséis años, ya que necesitamos que exista una mayor maduración emocional, un mayor desarrollo del autocontrol y, biológicamente hablando, un mayor desarrollo de la corteza prefrontal (encargada del control de impulsos, toma de decisiones y medición de consecuencias). Segundo, su comportamiento debe reflejar una adolescencia sana, y tercero, debe ser amigo de algún familiar o amigo adulto, cercano a la familia y de toda tu confianza; asegura a tu hijo que no le pedirás información a esta persona, que solo recurrirás a ella en caso de emergencia.

Esto tiene, por lo menos, dos ventajas. Por un lado, sabrás que alguien con un criterio similar al tuyo estará pendiente y podrá hablar con tu hijo o con ustedes si observa una situación que amerite esta acción. Por otro lado, te dará la oportunidad de darle a tu hijo este voto de confianza, indispensable para fortalecer su autoestima y promover un buen comportamiento.

Se ha encontrado que, cuando hay una buena relación familiar, los hijos tienden a querer estar a la altura de las expectativas de sus padres, por lo que siempre es bueno *esperar* de los jóvenes resultados positivos, a pesar de que nos aseguremos de establecer ciertos lineamientos para «facilitarles» esta tarea. Así que dile a tu hijo que se ha ganado este espacio privado (su incursión en las redes sociales sin que estés tú entre sus amistades) debido a su conducta y a que ha dado muestras de tener un criterio maduro y equilibrado.

TIEMPO DE PANTALLA. Mis hijos nacieron unos años antes del boom tecnológico que ocurrió a partir del 2000, por lo que la única pantalla que estaba supeditada al tiempo de uso era la televisión. Eso ya no ocurre. Si a un niño lo castigan sin ver televisión, dependiendo de sus recursos, le quedará el celular, el videojuego portátil, el computador, la tablet... Ahora que mis hijos son adolescentes y jóvenes adultos, el único parámetro que nos queda es el «¡Cero pantallas!» cuando nos sentamos a la mesa. Lo que me parece muy divertido es que lo usamos padres e hijos indistintamente, dependiendo de quién es el «despistado» que llegó a sentarse con algún dispositivo en la mano. Gustosamente «cedo» el derecho de la frase a todo padre o madre que quiera eliminar toda distracción en determinado momento de convivencia familiar o, ya como medida más extrema, para restringir o derechamente suprimir los aparatos.

Hoy en día contamos con mucha información sobre el impacto de una ilimitada exposición a una pantalla electrónica (sea de una televisión, de un computador, de una tablet, etc.). Sabemos, por ejemplo, que niños y jóvenes expuestos al uso ilimitado de pantallas, comparados con niños y jóvenes a quienes se les restringe su uso, presentan:

- Mayor riesgo de ser obesos.
- Problemas para dormir o para conciliar el sueño.
- Mayor inestabilidad emocional y más problemas de conducta.
- Problemas de atención.
- Menor desempeño académico.
- Mayores índices de ansiedad y depresión.
- Mayor experimentación en conductas de riesgo (alcohol, drogas y actividad sexual).

Pero ¡calma!, esto sucede cuando la exposición está fuera de todo control. Estas conductas aparecerán en mayor o menor grado de acuerdo al nivel de equilibrio que exista en la vida del adolescente.

Tal vez, según tu opinión, tu hijo pasa *demasiado* tiempo frente al computador, televi-

sión, o revisando su celular, así que te preguntarás ¿cómo establecer el criterio adecuado de tiempo?

Es cierto que antes de los dos años la vida de un pequeño debería estar libre de todo dispositivo electrónico, y un niño tendría una vida más balanceada si estableciéramos ciertos hábitos o costumbres desde la primera infancia, tales como:

- No permitir el uso de aparatos de este tipo dentro de su habitación.
- No comer frente al televisor o usarlo como «ruido de fondo» cuando están conviviendo en familia.
- Parcializar el tiempo de exposición a las pantallas, de tal manera que el total de tiempo diario permitido se reparta entre la televisión, los videojuegos, el computador o la tablet.
- Establecer lineamientos de uso durante la semana escolar, los fines de semana y tiempo de vacaciones.
- Promover la lectura, las manualidades, las actividades al aire libre, los deportes.

• Dar un buen ejemplo, teniendo un manejo adecuado del «tiempo en pantalla».

Si tu hijo se acostumbró a este tipo de normas, crecerá distribuyendo sus tiempos de una manera más ordenada y constructiva, a pesar de que ya no tenga a sus papás al lado para decirle cuánto tiempo es correcto mantenerse «conectado».

Pero si estas acciones no dieron resultados y tu hijo adolescente parece estar siempre frente alguna pantalla, es necesario empezar a negociar (con un niño más pequeño, solo se debe apagar el aparato, aclarándole, con *cariñosa firmeza*, la regla familiar). Un joven no cederá tan fácilmente a lo que está acostumbrado desde que tiene uso de razón, por lo que deberás encontrar la manera de hacer un trueque que le resulte atractivo: menos uso de los dispositivos que lo hacen sedentario, a cambio de algo que le sea atractivo (que no sea dinero).

En el capítulo llamado «El contraataque paternal» te ofrezco una estrategia y varias sugerencias de las cuales puedes hacer uso para tratar de encaminar al joven a una vida más sana, en caso de que estés preocupado por él. Sin embargo, recuerda siempre el mejor «termostato» para evaluar cómo está tu adolescente: su conducta. Si el joven está cumpliendo con sus responsabilidades (académicas y familiares), si tiene amigos (el número no es importante, ya que depende de su grado de introversión/extroversión) y si en general es un chico sano y participativo, tu hijo está bien y tal vez todo el «problema» sea un tema de aceptación de las nuevas maneras de hacer las cosas y no de una conducta inapropiada de parte de tu hijo. Esto solo podrás determinarlo tú.

Es posible que hayas notado que hasta ahora no he mencionado los teléfonos celulares. Esto es porque el tema tiene otro manejo, ya que es más sencillo hacer el conteo de horas que tu hijo lleva, por ejemplo, frente al computador, que establecer cuánto tiempo le lleva revisar su móvil y responder a los mensajes que le envían.

Si tu hijo no cumple con las reglas de uso de la casa (momentos de convivencia fami-

liar, tiempos de estudio/tareas, colaboración doméstica, etc.), es perfectamente correcto quitarle el celular durante el tiempo que debe estar atendiendo a estos asuntos, para devolvérselo inmediatamente después de que haya cumplido con sus responsabilidades. Es importante dejarle claro que no es un castigo, sino una consecuencia directa de su falta para atender a sus deberes porque el dispositivo lo distrae. En el capítulo VI te daré los detalles del diálogo que puedes sostener con el adolescente en caso de que esto esté sucediendo.

Al enumerar todos estos temas en la dinámica padres/adolescentes/tecnología, puede parecer complicada la formación de los hijos, ya que hay varios factores a considerar; sin embargo, conforme te vas «empapando» del tema y empiezas a practicar consistentemente las estrategias que mejor te funcionen, verás que no es tan difícil apoyar al joven en su adecuado desarrollo.

Lo mencionado hasta aquí son los puntos sobre los que en un principio te sugiero que reflexiones para que, cuando llegue el momento en que tu hijo empiece a hacer uso de dispositivos con acceso a internet, puedas establecer normas que no solo promuevan armonía en casa, sino que también fortalezcan en tu hijo la responsabilidad, el autocontrol y la adecuada toma de decisiones. Por supuesto, hay que considerar que los criterios irán cambiando y ajustándose conforme tu hijo vaya creciendo y aprendiendo a manejarse mejor, ganando tu confianza... o haciendo lo contrario. Estos lineamientos pueden ser más o menos estrictos de acuerdo a la que haya sido la historia del adolescente y solo deben ser los padres junto a él quienes los establezcan, ya que en esta etapa se requiere de la activa participación del joven para lograr que las reglas de la casa verdaderamente se dirijan a la formación de un hombre o una mujer madura, independiente y feliz.

V. Los peligros de la red: ciberbullying, pedófilos y pornografía

«¡Ya no está a salvo ni en la casa!».
Teresa, refiriéndose al bullying que su hijo sufre
de parte de compañeros del colegio

Ciberbullying

Manuela tiene trece años y es una joven alegre y amistosa. A ella y a una de sus amigas, Ángela, les gusta el mismo chico. En una fiesta, a la vista de todo el curso, Manuela y este chico se besan y deciden empezar a salir. Ángela se enfurece al saber que el joven que le gustaba prefirió a Manuela. Pero no solo dejó de hablarle a su amiga, sino que empezaron a circular varios rumores exagerando lo que Manuela había hecho con este jovencito en esa fiesta. Ángela publicó una foto de Manuela en Instagram en donde invitaba a todos sus amigos a decir lo que pensaban sobre el comportamiento que «sabían» que había tenido con su nuevo novio. Manuela se defendió dentro de la sala de clases, diciéndole frases hirientes y provocando situaciones que metían a Ángela en problemas con la profesora. Muy pronto, el resto de los compañeros de curso empezaron a alejarse de Manuela. No le hablaban y cuando ella se acercaba a un grupo para conversar, se alejaban pidiéndole que no lo hiciera. Incluso sus amigas más cercanas se comportaban distantes y frías. Ya no la llamaban para verse y nadie le mandaba mensajes por WhatsApp, Facebook o Twitter. Finalmente, Manuela decidió enfrentar a Ángela, hablando con ella pero no en un tono que invitara a la cordialidad y la paz. La conversación se centró en «aclararle» a Ángela que estaba celosa porque el chico la había escogido a ella. Le dijo que era insegura y con «baja autoestima» al recurrir al ataque cuando sabía que había perdido. Esta conversación aumentó la furia de Ángela y la «campaña» en su contra continuó. Manuela seguía revisando los últimos comentarios que sus compañeros habían dejado en la foto publicada en Instagram y respondía con el mismo nivel de agresividad a cada uno de ellos, tratando de defenderse. Rápidamente, esto empezó a hacer efecto en Manuela. Llegaba a su casa llorando, estaba callada y hasta su desempeño escolar se vio afectado. Cuando Patricia, su mamá, le preguntó qué estaba sucediendo, ella le mostró los agresivos comentarios publicados en Instagram. Patricia se indignó. Los escritos en la red social eran ofensivos y sumamente groseros. Decidió ir al colegio a exigir medidas correctivas, especialmente para la niña que había iniciado esta agresión. Al darse cuenta del alcance que estaba teniendo la situación, Ángela se acercó llorando a Manuela a pedirle perdón y que no agrandaran más la pelea; pero Manuela le dijo secamente que no podía hacer nada, pues era su mamá, no ella, quien había acudido a las autoridades del colegio.

Manuela quedó como la villana a los ojos de sus compañeros que habían visto la escena. ¡Ángela había pedido disculpas llorando! Y Manuela no había soltado una lágrima y «fríamente» le había informado a su ex amiga que no había nada que hacer.

El agresivo acoso se identificó. Patricia le preguntaba diariamente a su hija sobre los últimos acontecimientos del bullying y le sugería maneras para defenderse y detener los ataques. Cuando los padres de Ángela se enteraron de lo que estaba sucediendo, hablaron con su hija y la mamá de la joven envió unos chocolates a la casa de Manuela, lo que ofendió a Patricia, pues consideraba que lo que había hecho Ángela era algo muy grave como para disculparse mediante dulces.

Después de unas semanas, cuando el enojo por el rechazo del chico había pasado, Ángela le pidió perdón nuevamente a Manuela. Las amigas se reconciliaron y finalmente Ángela borró la publicación en Instagram junto con todos los comentarios agresivos ahí acumulados. No obstante, la mamá de Manuela no estaba muy de acuerdo con esta reconciliación y seguía aconsejando a su hija para que se alejara de esa dañina amistad... Con jóvenes y adultos involucrados, el drama continuó por largo tiempo.

Todos los días en los colegios del mundo –y, por ende, en muchas familias– ocurren si-

tuaciones semejantes a esta. A pesar de que, en general, se cree lo contrario, múltiples investigaciones sugieren que las redes sociales no han aumentado el número de casos de bullying, pero sí los han hecho más conocidos, lo que ha fortalecido la idea de que ahora ocurren más incidentes que antes. Tanto es así que, afortunadamente, en muchos países se han empezado a implementar leyes que castigan este tipo de acciones violentas y en muchos colegios del mundo se está trabajando en proyectos antibullying. En ambas iniciativas (judiciales y escolares) se incluyen específicamente las interacciones a través de internet.

Para poder prevenirlo en casa o para ayudar a los hijos que estén involucrados en una situación como esta, es necesario primero definir lo que significa «ciberbullying» —el único tipo que mencionaré en este libro al tener relación con las redes sociales—. Este tipo de bullying consiste en el ataque de una persona a través de mensajes difamatorios publicados en una o varias redes sociales, pero que *además* contiene los tres componentes característicos del bullying: agresión, repetición y desequilibrio de poder.

Un caso aislado de agresión de una persona a otra no puede considerarse bullying. Así como tampoco lo es cuando dos jóvenes tienen una pelea a golpes. Y, aunque parezca difícil aceptarlo, tampoco se consideraría bullying cuando dos personas se agreden recíprocamente. Por supuesto, es una situación dolorosa para todos los involucrados, incluidos los padres de familia que, como Patricia, creen que es bullying lo que ocurre cada vez que alguien molesta a su hija.

Por otro lado, hay actos que se han catalogado como bullying cuando en realidad son abusos criminales que deberían denunciarse y perseguirse por ley. Cuando se le llama bullying a cualquier agresión y se confunde con el crimen, es difícil determinar lo que está sucediendo y se dificulta ayudar a quienes participan en estas situaciones. De ahí la importancia de que, en la medida de lo posible, mantengamos la calma y la proporción del problema.

Definitivamente, el uso de las redes sociales ha aumentado la audiencia que es testigo y potencial participante del acoso. Además, permite que el ataque persista durante más tiempo (ya que será visible mientras permanezca en la aplicación que se haya usado para hacer las publicaciones agresivas). Asimismo, abarca más territorio al no limitarse a los confines de la sala de clases o del colegio, sino que está en todas partes en donde haya acceso a internet y a la red social involucrada en el caso.

El hecho de que otros puedan ver lo que está pasando provoca un intenso estrés en el joven atacado, pero al mismo tiempo abre la oportunidad de que más personas (compañeros de curso o adultos relacionados) puedan intervenir para terminar con el bullying, además de propiciar las condiciones para iniciar conversaciones con los adolescentes que los eduquen en este tema para prevenir situaciones de este tipo.

Si tu hijo está siendo víctima de un ataque es importante que siempre consideres todos los componentes del caso antes de establecer

un veredicto. Si recurres a las redes sociales, no saques de contexto una frase en particular, sino que trata de entender el papel que todos los involucrados están jugando, y de enlistar los hechos concretos del evento para poder emitir juicios objetivos y tomar decisiones informadas.

A pesar de que el tema del bullying fue central en mi libro anterior –por lo que ahí puedes profundizar en los conceptos de esta problemática si así lo deseas–, creo importante recordarte que el agresor también es un joven en problemas que, con sus terribles acciones, nos está pidiendo ayuda y es fundamental que sea atendido. En general, se siente empatía y se tiende a proteger a quien está siendo víctima de él y nos es más difícil tener consideración hacia quien lo está provocando. El apoyo que el agresor requiere tiene que ir más allá del simple castigo, que es en lo que generalmente se enfocan padres e instituciones educativas, a pesar de saber que los castigos y reprimendas solo aseguran que el ciclo de violencia continúe. Una estrategia que incluya el tratamiento en múltiples áreas (familiar, personal) será la manera más efectiva de obtener resultados positivos.

El bullying tiene consecuencias muy serias, tanto para el agresor como para el agredido, lo que provoca gran ansiedad en los padres que con frecuencia creen que la mejor manera de asegurar el bienestar de sus hijos es manteniendo una estrecha vigilancia de la actividad del adolescente en las redes sociales, para luego intervenir rápidamente cuando sea necesario. En la búsqueda de la privacidad tan valorada en esta etapa, los jóvenes responden a esta supervisión publicando mensajes encriptados (en clave) que les permiten continuar la comunicación con sus pares sin la intromisión de los papás.

Siempre he sostenido que los primeros que deben manejar una situación de bullying son los propios niños, pues son quienes tienen la información completa de lo que está pasando. Muchos adultos, leyendo algunas publicaciones en redes sociales o conociendo acontecimientos aislados, saltan a conclusiones que no siempre son compartidas por los adolescentes, y cuando intervienen pueden llegar a agravar y a prolongar el evento hasta efectivamente convertirlo en un episodio de bullying. En el caso expuesto al inicio de este capítulo pudimos observar cómo Patricia, tratando de proteger a su hija, siguió escalando la situación aun cuando las jovencitas habían hecho las paces.

Te propongo tener una conversación con tu hijo sobre esto. Pídele que te dé un ejemplo de lo que él cree que tú catalogarías como bullying; es muy probable que para él y sus compañeros, como parte del «código de convivencia joven», esa situación no lo sería. Este ejercicio es una invitación a sumergirte en el mundo adolescente y a aprender de las diferentes maneras en que los jóvenes interactúan y buscan pertenecer a un grupo social específico. En esta etapa, la juventud se enfrenta a temas que le son complicados y la mala interpretación o –peor aún– la exageración de sus padres no los ayuda. Puedes, claro, aprovechar esta oportunidad para que, de manera amena y casual, «salpiques» la charla con referencias valóricas que sea importante inculcar en el joven, pero siempre recordando que el objetivo de este diálogo es *tu* aprendizaje y no el de tu hijo.

Así que, si tu hijo se encontrara frente a una situación de bullying, ya sea como participante activo (agresor o agredido) o pasivo (testigo), permite que sea él quien primero se haga cargo de manejarla. Primero, porque esto ha sucedido en la vida de tu hijo, no en la tuya, y es necesario que él se responsabilice de sus propios asuntos. Y segundo, porque lo dejará más capacitado para manejar su vida adulta, llena de pruebas, obstáculos y desafíos. Guíalo, aconséjalo, pero no recorras el camino por él.

En el ambiente escolar los jóvenes utilizan con frecuencia el rumor y el chisme en la convivencia cotidiana y esto necesariamente lo perciben como bullying, especialmente porque cuando uno de los afectados sabe que existe un rumor sobre él o ella, inmediatamente responde con un ataque similar (recuerda que para que sea bullying debe haber una diferencia de poder entre el agresor y el agredido). A mayor inmadurez del grupo (pubertad, primeros años de adolescencia), mayor es la incidencia del rumor malicioso. Hacia los diecisiete años, el número de situaciones de este tipo disminuye considerablemente.

Algunos autores asocian este tipo de dinámicas juveniles a la entrada en pantalla de los *reality shows*, el género de televisión que muestra la vida de personas reales y que tienen altos niveles de audiencia gracias al drama que los productores de los programas incitan entre los protagonistas. De esta manera, los adolescentes perciben la enorme atención que reciben quienes forman parte de una situación intensa entre dos o más personas y pueden provocar circunstancias similares para recibir esa clase de interés. Esto no es malo en sí mismo, ya que forma parte de los caminos en búsqueda de la propia identidad; sin embargo, la adecuada formación y guía de los padres de familia ayudará al joven a encontrar la atención que todos necesitamos a través de métodos más sanos y constructivos.

No podemos dar por terminado este tema sin mencionar los casos en donde la violencia escala y en donde se hace necesaria la intervención de los adultos que rodean a las partes involucradas en el bullying. Con el surgimiento de sitios como Confesiones... o Ask, el ciberbullying contribuye a construir una estrategia de acoso sistemático que persigue a la víctima en todos los lugares en donde se encuentre: escuela, casa, fiestas, etc., y que se suma al grupo de agresiones físicas, emocionales y psicológicas que pueden acabar dañando a un joven de manera permanente.

En Ask (ask.fm), un usuario puede publicar una pregunta anónima sobre una de las personas registradas en el sitio, con el supuesto objetivo de obtener las respuestas más sinceras. El objetivo es que la gente le pregunte al joven algo que quisieran saber de él. Por ejemplo, alguno de los miembros del sitio puede encontrar preguntas como «¿Tienes alguna fobia?», «¿Te gusta alguien del colegio?», o cualquier otro tipo de pregunta. El sitio es muy popular entre los adolescentes (el 42% de sus usuarios es menor de diecisiete años) y desde su fundación en 2010 se han intercambiado millones de rumores y chismes sin las mayores consecuencias. Si bien esta es la norma, se pueden, no obstante, encontrar comentarios desagradablemente agresivos; en 2012, por ejemplo, los medios de comunicación relacionaron el suicidio de dieciséis jóvenes europeos con este sitio.

En América Latina, los diferentes sitios cuyos títulos empiezan con «Confesiones» seguido por el nombre de la institución educativa a la que pertenecen los miembros del sitio, ha adquirido tanta popularidad que en 2013 eran 44 universidades chilenas las que tenían una página como esta en internet. El fenómeno se extendió hasta los colegios y ahora los menores de edad también participan activamente en el sitio correspondiente a su colegio. Los administradores de la página y quienes hacen una «confesión» son anónimos, solo pueden identificarse los que le ponen «Me gusta» o hacen un comentario a determinada publicación, ya que lo deben hacer a través de sus cuentas de Facebook.

A pesar de que los casos de ciberbullying son serios, desagradables y no deberían de ocurrir, son afortunadamente los menos. La enorme mayoría de los comentarios publicados en Confesiones (como en el sitio Ask.fm) son inocuos y solo reflejan la inmadurez de sus participantes, así como su necesidad de sentirse parte de un grupo. Algunos ejemplos publicados por el suplemento «Tendencias» del periódico *La Tercera* en 2013 fueron los siguientes:

> *«Confieso que veo confesiones Uandes para ver si sale mi nombre por alguna parte #Forever alone#». Confesión #1173, Universidad de Los Andes.*
>
> *«Odio que en la u sea tan difícil tomar, fumar y tener sexo. ¡Seríamos mucho más felices si tuviéramos más libertad!». Confesión #539, UDD.*
>
> *«Confieso que estoy chata de unos ñoños que ocupan la mesa del casino de R3 para jugar con sus psv o computadores y todo el rato hablan de que pasaron el nivel y no sé qué, están ahí todos los días ocupando como dos mesas, ni siquiera comen. ¡Juegan todo el rato!». Confesión #452, Universidad Andrés Bello.*
>
> *«Confieso que hay una mina que anda detrás mío, soy su amigo y todo, pero no me gustaaaaaaaaa, es más fea que pe-*

garle a la mamá y no sé que wea hacer. Le tiro tallas pesadas, la dejo hablando sola, pero sigue webiándomeeeeeeeee. ¿Algún consejito, cabros?». Confesión #3793, Universidad Diego Portales.

«Confieso que creo que el 80% de las cosas que se escriben aquí son mentiras, pero igual las leo porque me cago de la risa». Confesión #55, Universidad Mayor.

Desafortunadamente, el anonimato de instancias como esta puede llegar a alimentar la cultura de la burla y la agresión y demerita las posibles ventajas que pudiera tener un sitio como estos. En el momento en que tu identidad puede desasociarse de un comentario o acto, se abandonan las habituales restricciones de conducta que una persona pueda tener. El anonimato (como los «encapuchados» en las manifestaciones de la calle) hace al «depredador» sentirse seguro y el ataque que incita suele ser más violento y cruel que el de quien sí muestra la cara.

Por otro lado, el anonimato también invita a la participación, y si la publicación es maliciosa tenderá a sumar comentarios que sigan la misma línea, haciendo sentir al aludido, especialmente si es joven, que *nadie* en el colegio es su amigo y que *todos* lo atacan. Esto puede provocar aislamiento y depresión, que en esta sensible etapa puede ser sumamente peligroso.

Si desafortunadamente tu hijo está siendo objeto de un bullying que ha sobrepasado los niveles manejables para el joven, te propongo algunas ideas. En mi libro anterior sugerí varias estrategias, pero en esta ocasión mis recomendaciones se centrarán en el ciberbullying:

- Pedir ayuda; el joven deberá hacerlo en cuanto sienta que la situación está saliendo de su manejo y los padres, cuando sus hijos se lo digan, deberán comunicárselo al colegio o a un psicólogo familiar. Si hay amenazas de ataques contra la integridad física del adolescente, todos deben acudir a las autoridades para hacer una denuncia legal.
- Guardar publicaciones suficientes que documenten el bullying, asegurándose de conocer la identidad de los autores.

- Hacer un esfuerzo *conjunto* (apoyándose los padres entre sí y ellos, a su vez, apoyando al adolescente) por no revisar obsesivamente las publicaciones. He conocido casos en los que los papás, al igual que el joven, entran a cada momento a la red social en donde el hijo es atacado. Es desgastador y estresante... además de infructuoso. Es mejor establecer un día y una hora específica para revisar *con el propósito exclusivo de documentar el caso.* Si consideran que tienen información suficiente, recomiendo bloquear la posibilidad de ver las publicaciones.
- Comentar a los agresores que lo que hacen es perseguido por la ley.

Pedofilia

Para finalizar este capítulo no puedo dejar de mencionar otro gran temor para los padres de familia: los abusadores sexuales que ven en internet una puerta de acceso a niños y jóvenes vulnerables. Los abusadores (sean sexuales o no) no atacan a cualquier persona. Saben detectar quién es débil, frágil o parece, en general, vulnerable. Las redes sociales son el lugar ideal en donde algún depredador puede identificar a una víctima potencial, ya que aplicaciones como Facebook, Instagram, WhatsApp, etc., son utilizadas por los adolescentes para desahogar sus tristezas, frustraciones, rompimientos amorosos y demás momentos difíciles, que son los que los pedófilos esperan para planear un ataque.

A pesar de que muchas de las medidas para prevenir el abuso sexual por internet son conocidas, enumeraré algunas que deben formar parte del repertorio educativo de todo padre que tiene un hijo usando redes sociales:

• Dile a tu hijo que nunca publique nada que no diría en público en la vida real, ni algo que no quiera que otros repitan. Es decir, debe estar consciente de que cualquier mal chiste, término vulgar, comentario negativo, etc., queda expuesto a la vista de todos y puede ser usado en su contra en cualquier momento.

- Déjale claro que lo que se publica en redes sociales corre el peligro de permanecer para siempre, pues a pesar de que hay aplicaciones como Snapchat en donde la imagen desaparece después de unos segundos, existe la posibilidad técnica de que quien recibe el mensaje guarde esa imagen en su celular.

- Aplaza la edad en la que tu hijo inicia su actividad en redes sociales a una en donde muestre ser responsable, tener un criterio analítico y una madurez en muchas otras áreas de su vida.

- Usa el parámetro anterior para decidir la edad en la que le darás a tu hijo un celular con capacidad para conectarse a internet (Smartphone).

- Explícale la importancia de que no publique datos que identifiquen su localización.

- Explícale que cualquier persona puede revisar sus publicaciones en cualquier momento. Como ya dijimos, empresas y universidades empiezan a revisar perfiles en Facebook y otras redes sociales con el objetivo de conocer a los candidatos para sus puestos vacantes. Un mensaje publicado años atrás puede provocar que alguien no consiga un trabajo o dificulte su ingreso a alguna institución educativa.

- Recuérdale que no comparta sus contraseñas con nadie, ni siquiera con sus amigos, ya que con esa información cualquiera puede publicar información vergonzosa o privada, o hacerse pasar por él para comunicarse con otras personas. Lo mismo puede suceder si deja su computador o celular desatendidos, con las redes sociales abiertas y accesibles para cualquiera.

- A pesar de que te diga que lo tiene claro, repite con cierta regularidad que es difícil conocer la verdadera identidad y características de personas que conoce en línea.

- Dile que si, por algún motivo, se va a encontrar con alguien que conoció en una red social, lo haga siempre acompañado, en un lugar público y con gente.

- Si tú no sabes cómo hacerlo, asegúrate de que algún conocido le enseñe a tu hijo a configurar su perfil de tal manera que sea privado, es decir, solo accesible para sus amigos.

- Cuando empiezan a usar las redes sociales, los niños compiten entre ellos por tener el mayor número de amigos o «Me gusta» en sus publicaciones. Esto puede ocasionar que acepten la amistad de cualquier persona, conocida o desconocida. Es fundamental hacer hincapié en que solo se hagan amigos de quien verdaderamente conocen y que ocasionalmente hagan una revisión y «limpieza» de las personas que no son cercanas.

- Hablen del tipo de fotografías e imágenes que, de acuerdo a la cultura familiar que exista en tu casa, está permitido publicar y las que no.

- No te olvides de enseñarle a tener un uso educado en las redes y a alertar si se entera de cualquier situación negativa o sospechosa (bullying, pedofilia) que pueda detectar cuando esté en línea.

- Denuncia cualquier situación de pedofilia o explotación sexual que detectes en cualquier página de internet.

Pornografía

A pesar de que no hay datos exactos sobre la cantidad de pornografía que un joven consume, sabemos que aproximadamente el 97% de los hombres y el 83% de las mujeres adolescentes han visto pornografía en internet.

En el capítulo IV expliqué que la experimentación es característica de esta etapa; ver y compartir material inapropiado no solo satisface la natural curiosidad por lo prohibido, sino que también pone a prueba los límites que le imponen sus padres a todo adolescente.

Ver y compartir pornografía, como muchos de los temas tratados en este libro, no son acciones que surgieron con la llegada de internet. Sus inicios pueden rastrearse hasta casi el inicio mismo de la civilización. Existen en China, por ejemplo, unos grabados en piedra de más de tres mil años de antigüedad que representan, de manera particularmente explícita, un ritual de fertilidad. Son considerados el material pornográfico más antiguo. De ahí en adelante, cada etapa histórica ha tenido su expresión de muestras pornográficas representativas en todas sus formas: esculturas, libros, revistas y videos. ¿Qué es lo que ha cambiado en todos estos años que hoy tiene tan inquietos a los padres de los actuales adolescentes? Básicamente los cambios han sido los siguientes:

- El acceso a material inapropiado es, gracias a internet, más fácil y rápido.
- Hay una gran cantidad de contenido gratuito (antes el joven tenía que comprar la revista pornográfica, por ejemplo).
- Actualmente se encuentra material extremadamente explícito.

No podemos dejar de considerar algunas de las consecuencias negativas que el adolescente puede sufrir al estar expuesto a pornografía; entre ellas se cuentan las siguientes:

- **VIOLENCIA.** El sadomasoquismo es tema frecuente en este tipo de contenidos. Puede llegar a ser complicado para un adulto, mucho más para un joven, establecer los límites de lo que es la representación de un papel en una relación íntima y lo que es lastimar a otra persona.
- **DEGRADACIÓN.** Los sitios pornográficos suelen tratar a las personas como objetos, utilizar lenguaje humillante y promover actitudes sexistas. Ninguna de estas actitudes es digna de aprenderse en ningún momento.
- **INFORMACIÓN INCORRECTA.** Querer aprender sobre sexo en un sitio pornográfico es como querer aprender del reino animal viendo las caricaturas de Bugs Bunny y sus amigos. La pornografía es una representación caricaturesca de lo que es una relación sexual, centrada en los aspectos mecánicos de la misma. Estar expuesto a estos contenidos no le enseñan al joven cómo entablar una relación de pareja sana y perdurable. Al contrario, obstaculizan este aprendizaje.

- **SOBREESTIMULACIÓN.** En esta etapa los jóvenes son muy susceptibles a las influencias y son víctimas de una gran inestabilidad hormonal. La sobreestimulación de la pornografía puede provocar que el joven acuda a la masturbación como un desahogo. A pesar de que esta es una conducta normal y propia de esta fase de desarrollo, debe mantenerse bajo control, pues de lo contrario puede tener efectos contraproducentes (eyaculación prematura, problemas para establecer relaciones sexuales sanas).

Ya sea porque el joven decidió incursionar en este tema por sí mismo o porque sus amigos lo invitaron a hacerlo, no existe ninguna medida que prevenga ciento por ciento la exposición de tu hijo a la pornografía. Entonces, ¿qué puedes hacer?

- No pongas televisión ni computador en la habitación de tu hijo. De esta manera no solo obstaculizarás que vea material inapropiado, sino que evitarás que se aísle más de lo que ya lo hace como parte del comportamiento normal de esta etapa.

- Pon el computador que usa en un lugar transitado de la casa y con la pantalla mirando hacia donde de vez en cuando puedas observar.

- Investiga sobre las diferentes herramientas que existen para filtrar contenido inadecuado en internet y configura los aparatos que utiliza el joven. Hoy en día existen maneras de evitar la pornografía en el computador, las tablets y los teléfonos móviles.

- Si no ha dado muestras de buen criterio y toma de decisiones o si es menor de quince años, establece que el celular lo deje apagado por las noches en un lugar específico de tu habitación (esto también le ayudará para sus hábitos de sueño, tema que explico en el siguiente capítulo).

- Conoce las contraseñas del teléfono y computador del adolescente. Entra en sus perfiles e historial en internet solo cuando haya infringido las pautas de conducta de la casa.

- Dale contexto. Esta es una de las grandes diferencias que los padres pueden marcar con lo que su hijo aprenda de amigos, redes sociales, sitios de internet e incluso del colegio. El «área técnica» de la sexualidad se puede aprender en cualquier parte, desde un libro hasta un video. Ustedes, como padres, podrán explicarle al joven por qué es bueno esperar a tener relaciones, hasta cuándo es adecuado esperar, con quién debieran idealmente iniciarse en la vida sexual, la correspondencia de la sexualidad con la religión que profesan… todo de acuerdo al marco de valores que ustedes como familia han delineado.

Conforme tu hijo vaya creciendo será cada vez más difícil tener control sobre lo que pueda llegar a ver en un momento dado, por lo que tu mejor recurso siempre será la formación en valores, buenos hábitos y múltiples, abiertas y agradables conversaciones con tu adolescente.

VI. Siete frases que los adolescentes utilizan para «salirse con la suya»… y tu mejor respuesta

«¡No fue mi culpa!».
Respuesta de casi cualquier adolescente a una situación de la que sí es responsable

Todos queremos hacer lo que nos gusta, sin que nadie nos lo impida, y, por ende, todos tratamos de encontrar la mejor maniobra para lograrlo… Entonces, no te debería extrañar que tu hijo, como cualquier otro adolescente, hiciera uso de sus mejores argumentos para conseguir lo que quiere.

A ti te corresponde, como padre o madre, rebatir sus explicaciones de tal manera que puedas continuar enseñándole lo que necesita para llegar a ser un adulto íntegro, responsable y feliz. No es fácil, pues los jóvenes son rápidos, creativos y, cuando quieren, ¡encantadores!

A continuación, y con el propósito de ayudarte en tu valiosísima función de padre de familia, analizaré las frases que escucho con más frecuencia entre los adolescentes para lograr sus objetivos, y te propondré la respuesta que le puedes dar a cada una.

1. «No te llamé porque me quedé sin batería o no tenía señal».

Ahí estás: a las tres de la mañana, paseando de un lado a otro, revisando el reloj y el celular para ver si tu hijo manda un mensaje o llama para explicar por qué no ha llegado a casa. Le marcas y tu llamada entra directo al buzón de voz. Por fin, a las 3:20, llega tu adolescente, tranquilo y feliz. En cuanto ve tu cara sabe que está en problemas y, antes de que puedas decirle nada, te dice: «No te llamé porque me quedé sin batería (o donde estaba no había señal)».

Estás desvelado y enojado. Tu primer impulso es castigarlo por haber infringido la hora de llegada y por su desconsideración al no dar aviso de su retraso. Pero espera. No es momento de hacer de esta una instancia formativa. No desahogues todo lo que –justificadamente– le quieres decir, ya que en esa circunstancia tu hijo no estará en la disposición ideal para escucharte.

Mi recomendación es que una vez que veas que está sano y salvo, le digas que hablarás con él al día siguiente Debes considerar tu objetivo: lo que deseas es que este tipo de escenas no se vuelvan a repetir o que ocurran lo menos posible. Para conseguirlo necesitas que tu hijo aprenda a buscar soluciones si se vuelve a quedar sin batería o no tiene señal (considerando que dijo la verdad).

De este modo, al día siguiente le dices algo como: «Entiendo que a veces se acaba la batería del celular o que vas a lugares donde no siempre hay señal para hacer llamadas, pero tenemos que encontrar la manera en que no me tengas preocupado porque no llegas y no sé nada de ti. Lo primero que tienes que garantizarme es que vas a llevar el celular bien cargado. Recuerda que te dimos el celular como una herramienta para comunicarnos contigo. Si no podemos hacerlo, no tiene ningún sentido que lo tengas. No quiero quitártelo. Sé que es una aparato divertido y necesario para que estés en contacto con tus amigos también, así que asegúrate de que lo puedas conservar. Si necesitas tener otro cargador para tener siempre a mano, puedes ahorrar de tu mesada para comprarlo».

Si la excusa es la falta de señal, dile más o menos lo mismo, pero sugiriéndole ideas para comunicarse a pesar de que su celular no funcione; a veces, un dispositivo no tiene señal, pero puede que otro sí. Si el lugar es tan remoto que ninguno de los celulares de los asistentes puede hacer llamadas, tu hijo deberá asegurarse de llegar a la hora acordada.

Finalmente, deberá sufrir alguna consecuencia por haber llegado tarde. Independientemente de que le enseñes cómo resolverlo, si llegan a repetirse las circunstancias, debe saber que no aceptas que infrinja las reglas de la casa.

2. «Si me castigas sin usar mi celular no podré hacer el trabajo en equipo porque nos vamos a poner de acuerdo por WhatsApp».

Este es uno de mis argumentos favoritos, porque los jóvenes recurren a lo que es una

de las prioridades de los padres: el desempeño escolar. En varias ocasiones, un papá o
una mamá se me han acercado para decirme:
«¡No lo puedo dejar sin celular porque es
como decirle que no haga la tarea!». Pero en
realidad no es así.

Los jóvenes organizan y comunican todo
a través de mensajes de texto y publicaciones
en redes sociales, la mayoría de las veces a través del celular. Por lo tanto, quitarles ese *privilegio* por haber cometido una infracción es
sumamente efectivo y se reducirán considerablemente las probabilidades de que vuelvan
a cometer la misma falta, porque de ninguna
manera querrán volver a quedarse sin el dispositivo. Para eso es necesario que constantemente se le recuerde al joven que el celular
no es un derecho, sino una herramienta de la
cual podrá disponer cuando cumpla con sus
responsabilidades. Pero ¿cómo soluciona lo
de la tarea o trabajo en equipo? El joven (no
tú) lo tendrá que hacer «a la antigua». Para un
adolescente de hoy, orgulloso miembro de la
generación App, no hay nada más humillante
que usar el teléfono fijo para hacer una llama-

da. Así, la consecuencia de haber tomado una mala decisión (el romper una regla *importante* para la familia) se vuelve más severa: no solo pierde el preciado celular, sino que tiene que buscar a sus amigos de una manera que le resulta muy molesta; si, de lo contrario, decide no hacer el trabajo (por la falta de celular), la medida tendrá que alargarse por más días o perderá más privilegios.

No te dejes intimidar, papá/mamá. Siempre hay una forma de lograr un objetivo y lo importante es que finalmente tu hijo aprenda algo que le será útil para toda la vida.

3. «Ya sé que mientras comemos no podemos sacar el celular, pero quiero mostrarte algo que vi...».

Y mientras encuentra lo que te quiere mostrar, consulta sus mensajes, responde algunos y se distrae un rato de la convivencia familiar, propósito que tiene, precisamente, la regla de no sacar el celular durante las comidas.

Tampoco uses tu celular cuando estén comiendo. Los padres tenemos que ser los que primero demos ejemplo de esta medida. No por ser la figura de autoridad abusen del poder que tienen en la familia. El objetivo no es que tus hijos sepan que tú mandas y por eso puedes hacer lo que a ellos no les está permitido. En este momento, la meta a alcanzar es intensificar la convivencia y *todos* deben colaborar para lograrlo. Así que si tu hijo te descubre consultando la pantalla, permite con buen humor que te «llame la atención», dale la razón y guarda el aparato. Esa postura tendrá más impacto en el joven que el más brillante sermón.

Para que la medida se cumpla es necesario que el joven tenga muchas oportunidades para usar abiertamente el celular frente a ustedes. Me imagino que no tengo que preocuparme de que esto suceda, ¡ya que estoy segura de que el adolescente se encargará de hacerlo realidad! Pero para ti lo importante es recordarle que es en espacios como ese (la comida) que habrá restricción de dispositivos para todos. Le será más fácil cumplir con esta disposición si se aplica para todos, sin diferencia de «rango», especialmente porque notará lo primordial que es para ti el tiempo con él.

4. «Sí te estaba oyendo, solo miré el celular para ver si el volumen estaba bajo…».

Es desesperante confirmar que, después de decirle algo a tu hijo, no se entere de que le hablabas por estar sumergido en la pantalla. Esta es una de las principales quejas y motivos de discusión entre padres e hijos.

Sé que es difícil conservar la calma cuando estás siendo ignorado, pero, como en todo lo que se refiere a educación, es indispensable mantenerse lo más tranquilo posible si quieres lograr resultados a largo plazo. Un grito puede conseguir que el joven levante la mirada del celular y escuche (especialmente por el volumen en el que hablas), pero manejar así la situación le enseñará que esa es la manera de ventilar las frustraciones, además de ser perjudicial para tu relación con él.

Mi sugerencia es que cuando estés hablando y notes que tu hijo no te está escuchando, guarda silencio. No digas nada. Pacientemente espera a que el joven perciba que algo sucede, levante la cabeza y te pregunte qué pasa. Ese es el momento en donde le indicas que no podrás continuar hasta saber que tienes su completa atención. Cada vez que ocurra una situación semejante, repite la operación.

5. «¡No me lo puedes quitar para dormir porque es mi despertador!».

Es un hecho científico comprobado y no una postura de los padres de familia que la luz que reflejan los dispositivos electrónicos como celulares, tablets y computadores, obstaculizan que podamos conciliar el sueño.

La melatonina es una hormona cuya función es regular nuestro «reloj biológico». Los cambios en los niveles de esta hormona influyen en nuestro deseo de permanecer despiertos o irnos a dormir. Cuando tu hijo se mete a la cama con el celular en la mano para seguirlo consultándolo, logra que los niveles de melatonina bajen considerablemente, y que le sea más difícil conciliar el sueño. Si esto ocurre todas las noches, las células cerebrales irán cambiando de tal manera que el adolescente podría tener cada vez más problemas para dormir conforme vaya creciendo. La falta de un descanso apropiado tiene evidentes consecuencias negativas:

- **AUMENTA LA TENDENCIA A SUFRIR ACCIDENTES.** La somnolencia reduce el tiempo de reacción ante un imprevisto y muchos accidentes automovilísticos ocurren por este motivo. Esta disminución de reflejos debido al cansancio es más pronunciada en personas menores de veinticinco años.
- **AFECTA LA CAPACIDAD INTELECTUAL.** El sueño juega un papel primordial en nuestra capacidad de aprendizaje, análisis y toma de decisiones. El cansancio reduce el nivel de atención y concentración, y obstruye la habilidad para solucionar problemas.
- **PROVOCA PROBLEMAS DE SALUD.** Entre los que se cuentan problemas cardiacos, problemas de presión arterial, problemas de peso y diabetes.

- **FAVORECE LA DEPRESIÓN.** En muchas investigaciones se ha encontrado una relación directa entre la falta de sueño y los síntomas de depresión, formándose un círculo vicioso: los desórdenes de sueño pueden deprimir y la depresión hace difícil conciliar el sueño.
- **AFECTA AL CRECIMIENTO.** La hormona del crecimiento se activa durante el sueño, por lo que dormir mal puede afectar a la altura final del joven.

Dormir bien es un tema vital para todos, en especial para quienes están en una etapa crucial de desarrollo como es la adolescencia. En promedio, un adolescente necesita entre ocho y nueve horas y media de sueño diario. Sin embargo, es característico de esta etapa tener patrones irregulares de sueño. Es frecuente observar jóvenes que se duermen tarde durante la semana y los fines de semana duermen muchísimo. Esto se debe al momento de desarrollo en el que se encuentran y a las intensas actividades sociales, características de la adolescencia.

Sin embargo, sabemos también que tratar de ordenar las costumbres de tu hijo puede provocar muchas discusiones que afecten considerablemente el ambiente de la casa. Una medida que previene este tipo de altercados es que desde el momento en que tu hijo reciba su primer celular, establezcas un lugar en donde se pondrá el dispositivo apagado todas las noches. Te recomiendo que sea en tu habitación para evitar que el joven se escabulla a buscarlo cuando todos estén dormidos.

Si tu hijo ya está en la última etapa de la adolescencia y nunca se tomaron medidas como la anterior, encontrarás mucha resistencia para implementar algo así. En esos casos, y como lo he mencionado antes, la conducta del joven será el mejor indicador de su estado general. Si se levanta solo (sin tu insistente ayuda) y a tiempo cada mañana para llegar al colegio; si su desempeño escolar se mantiene como lo ha sido siempre; si está de buen humor (todo el buen humor que un adolescente expresa a sus padres, claro); es decir, si en general se le ve bien, no te sugeriría discutir con él sobre el uso de su celular en la cama. Pero como en todo lo que corresponde a la vida de tu hijo, hazlo a él el principal responsable: si su comportamiento general se ve afectado por la falta de sueño, no te dejará otra opción que quitarle el celular durante la noche.

6. «¡Todos tienen celular!» o «¡Todos tienen un mejor modelo de celular que yo!».

Es curioso cómo le pedimos a los hijos que no se dejen influenciar por los amigos («Si tus amigos se tiran desde un puente, ¿lo haces tú también?») y les pedimos que digan que NO a las invitaciones a consumir alcohol o drogas. Pero podemos dudar de nuestros lineamientos si sabemos que otros padres han hecho algo distinto. No soportamos la «presión social» a la que nosotros mismos nos sometemos al saber que estamos haciendo algo diferente a la mayoría.

Desde luego, es siempre útil tener conversaciones con otros papás en donde se compartan ideas y estrategias sobre la educación de los hijos, ya que debemos apoyarnos unos a otros en esta dificilísima labor formativa.

Sin embargo, dudar constantemente de tus determinaciones acabará por hacerle daño al joven que necesita de ti una postura firme y segura.

Si tienes claras las razones por las que el joven tendrá un teléfono móvil a una determinada edad, explícaselas. Siendo un adolescente normal no estará de acuerdo contigo y usará sus mejores argumentos y quejas para hacerte cambiar de opinión. Sé fuerte. No se trata de que tu hijo no se enoje contigo, sino de que pueda construirse una buena vida, y para eso requiere de tu cariño, tu aceptación; los límites y consecuencias que estableces en tu familia.

Si decidieras que tu hijo, ya adolescente, no tendrá un celular –a pesar de poder comprarlo–, asegúrate de que tendrá amplias oportunidades de comunicación y de convivencia con sus pares, puesto que, siendo miembro de la generación Z, podría quedar aislado de su círculo de amistades, lo que tendría repercusiones en el desarrollo de su adolescencia.

7. «No me puedes quitar el celular. Me lo compré con mis ahorros/me lo regaló la abuela».

Con este argumento, el adolescente piensa que encontró un resquicio por donde salirse con la suya… «¡Por fin –piensa él– encontré algo con lo que mis papás no pueden hacer nada!». Desafortunadamente para él, esto no es así; pero recuerda conversarlo con mucho cariño y no cuando estés en medio de la discusión por quitarle el dispositivo. Espera a otro momento en que los dos estén más tranquilos.

Sugiero el siguiente razonamiento para este argumento: «Tú puedes tener ahorros para comprarte lo que quieras, porque no tienes que preocuparte por comprar comida, pagar un dentista o el techo donde vives. Si tuvieras que pagar estas cosas, no te alcanzaría para comprarte el celular. Me da mucho gusto que administres bien tu dinero y puedas comprarte las cosas que te gustan. Habla muy bien de ti. Pero mientras sigas siendo un joven económicamente dependiente de tus padres, tienes que seguir cumpliendo con las reglas de la casa. Así que si hay una infracción, como siempre, hay una consecuencia. El celular, lo hayas comprado tú, te lo haya regalado la abuela, lo hayas encontrado tirado en la calle, no importa, se cuenta entre las cosas con las que podemos castigarte porque lo obtuviste gracias al apoyo que te damos con todo cariño».

Y… prepárate para el enojo de tu hijo. En el siguiente capítulo sumo más ideas sobre cómo manejar estos molestos momentos en la relación familiar.

VII. El «contraataque» paternal: ¡Tú mandas, hijo!

«Dime y lo olvidaré; enséñame y tal vez lo recuerde;
involúcrame y aprenderé».
Benjamín Franklin

La última respuesta del capítulo anterior ilustra lo difícil que en ocasiones son las conversaciones con los adolescentes. Tenemos que decirles lo que no quieren escuchar. Tenemos que limitar su libertad para poder guiarlos hacia un camino que los prepare para el futuro. El joven lo entiende así, no lo dudes. Sin embargo, también quiere probarse a sí mismo. Quiere autonomía. Quiere privacidad.

De hecho, necesitamos proporcionarle todo esto que quiere para lograr la independencia propia del adulto en el que algún día se convertirá, pero de una manera tal que verdaderamente le dé las herramientas para salir adelante.

Con esto en mira es que siempre sugiero la estrategia educativa que he llamado «¡Tú mandas, hijo!», que promueve la responsabilidad y colaboración, al mismo tiempo que reduce las discusiones y fomenta la armonía familiar.

Lo primero a tener en mente es que para el joven, por la etapa del desarrollo en la que se encuentra, la vida social y la relación con sus amigos es prioritaria. Nos guste o no, al adolescente le importan más sus amistades que el colegio, que ayudar en casa o –¡por supuesto!– que convivir con sus papás. Y defenderá fervorosamente los tiempos y espacios que afectan esa área de su vida. Como lo hemos revisado, las redes sociales, el computador, el celular y hasta los videojuegos son, en esta era digital, vehículos para convivir y reforzar su relación con los amigos, y es por eso que las limitaciones de estas herramientas les molestan tanto.

Te digo todo esto porque la estrategia «¡Tú mandas, hijo!» solo servirá si está fundamentada en la empatía. Entender sinceramente por lo que está pasando y decírselo así abre importantes canales de diálogo con el adolescente: «Sé que es molesto, hijo…», «Entiendo que te enoje…», «A mí también me molestaría si no me dejaran hacer lo que yo quiero, pero…». Estas y otras frases similares ayudan a que el joven se sienta comprendido y se reduzca, aunque sea un poco, el enojo que siente al sentirse limitado.

Seguramente tú has vivido lo mismo alguna vez. ¿Recuerdas, por ejemplo, haber llegado muy molesto al departamento de Servicio al Cliente de una tienda porque el artículo que compraste no funcionó? La actitud de la persona que te recibe es fundamental para tu diálogo: si te responde con desinterés o impaciencia, tu enojo no disminuirá. Incluso podría aumentar. Pero si te recibe con un sincero: «¡Lamento que estuviera descompuesto! Siento mucho las inconveniencias que esto pudo ocasionarle», tu reacción será muy distinta. Puedes seguir frustrado por el inservible artículo, pero ser escuchado y entendido te ayudará a sentirte mejor.

Así que empatía. Mucha empatía.

Después, es preciso manejar la intensidad de tu respuesta. Es decir, no exagerar tu reacción al descubrir, por ejemplo, la foto en donde tu adolescente aparece tomando una cerveza (siendo menor de edad). Las ansiedades o «ataques de histeria» tenemos que aplazarlos para cuando estés en la privacidad de tu habitación. Frente al joven, calma.

Un adolescente que ve que a sus padres alarmados llamándole la atención, no solo guardará silencio, se pondrá a la defensiva (reduciendo la posibilidad de que asuma la responsabilidad de sus acciones) y se distanciará de sus padres. Además, tu actitud agresiva o fuera de control no le enseña a mantener un diálogo abierto y tranquilo, y cuando esté en problemas o quiera tratar un tema delicado acudirá a otra persona.

Si estás muy alterado por lo ocurrido, posterga la conversación. Sal a caminar, escucha música. Date un momento de relajación, tomando un té. Es decir, trata de que se den todas las condiciones para que la conversación sea efectiva.

A continuación sigue el «enganche».

Los adolescentes conocen a sus padres. Saben qué les gusta, reconocen cuando están de mal humor y, sobre todo, saben perfectamente cómo hacerlos rabiar. Están siguiendo al pie de la letra lo que está en su «descripción de puesto» como adolescente, por lo que pondrán cara de hartazgo o reclamarán con un «¡No es justo!», cuando les pidamos algo. Lo estás molestando con esta instrucción. Ellos buscarán molestarte a ti a cambio.

Los padres, por nuestra parte, estamos acostumbrados a controlar. Desde que los niños nacen tenemos la enorme responsabilidad de cuidarlos y, por lo tanto, debemos asegurar su bienestar. Lo hacemos vigilando y tomando decisiones sobre sus horarios de comida, la ropa que usan, los colegios a los que asisten, los valores que les enseñamos, todo. Durante trece años nos acostumbramos a hacerlo y un día tu hijo llega a la adolescencia. Quieres seguir con las mismas reglas de antes, pero ahora no funcionan.

La suma de lo que hace tu hijo por ser adolescente y tus costumbres como padre de familia suele ser explosiva. El niño pone cara de hartazgo y tú respondes inmediatamente: «¡Cámbiame esa cara!», «¡No te enojes!», «¡Claro que es justo!». El joven sabe que ha ganado. Ha logrado ponerte tan de mal humor como está él por saber que tiene que obedecer si no quiere meterse en problemas.

¿Qué importa si se enoja? No debe ser grosero o irrespetuoso, por supuesto. Si lo fuera, tendría que haber una consecuencia. Pero su estado de ánimo (enojado, triste, feliz, etc.) no debe cambiar el hecho de que cumpla con las reglas de la casa. Deja que se enoje; de hecho, sé empático. Es lógico y normal que le moleste hacer algo que no quiere hacer. Sé comprensivo e ignora las expresiones de rechazo. Pide lo que tengas que pedir, di lo que tengas que decir, y retírate. Si te quedas a atestiguar malos modos, acabarás por molestarte y «caer».

Si tu intención es lograr que no ponga malas caras o que ante el «¡No es justo!» se dé cuenta de que estás siendo imparcial, lamento informarte que es inútil. Es posible que el joven entienda perfectamente lo que estás diciendo y *sepa* que tienes razón o que estás siendo justo. Pero *no le conviene* aceptarlo.

Quiere hacer lo que desea y eso es todo. Todos tus esfuerzos por que tenga otra reacción serán infructuosos, así que no enganches.

Otro punto importante a recordar es el del contacto físico. Cuando estés conversando con tu hijo, sea algo trivial o algo más serio, toca su brazo al decirle algo, por ejemplo. Al tocar a nuestro interlocutor tendemos a suavizar nuestro tono de voz, lo que ayuda al diálogo. Caminando por la casa, si te encuentras al joven, hazle un cariño (toca su hombro, acaricia su espalda) al pasar. Tocarse cuando conversamos dice que a pesar de nuestras diferencias, nos seguimos queriendo, seguimos unidos. El contacto físico acerca la relación y promueve que el joven esté dispuesto a escuchar lo que le tienes que decir.

Finalmente, antes de explicarte lo que es la estrategia «¡Tú mandas, hijo!», quiero hablar del buen humor. **La casa familiar, el hogar, debería ser como un colchón suave en el que podemos caer al final del día. Ya hay suficientes dificultades en el mundo como para que, arribado ese minuto, lleguemos a un lugar donde continúan las tensiones.**

El buen humor tiene un impacto muy positivo en la formación de los hijos. Invita a la colaboración y hace más fácil el diálogo entre padres y adolescentes. Todos los días debería haber risas en tu casa. Bromea, juega, sonríe. Una sugerencia que siempre hago para propiciar la risa es la de comprar un libro de chistes infantiles. Suelen ser sencillos y, francamente, no muy buenos, pero de igual manera nos hacen reír, tal vez precisamente porque son malos chistes. Durante la comida hagan turnos para contar un chiste. Esta tradición aliviará tensiones. La risa une; la risa relaja; la risa entre dos personas que están molestas perdona.

Hablemos ahora «¡Tú mandas, hijo!»; esta estrategia se basa en la creencia de que todo adulto es responsable de su vida, y nuestro objetivo como padres es guiar a nuestros hijos hacia esta meta. Debemos enseñarles a los niños que de ellos depende su felicidad y para ello tenemos que entrenarlos para afrontar adecuadamente la vida real.

Es necesario que tengas claro qué es lo que le gusta hacer o tener al joven: su celular (obviamente), permisos para salir con amigos, videojuegos, etc., y que tengas también claro las que son sus responsabilidades familiares (que no deben ser más de cinco). Después inicias la conversación: «Hijo, para tener el privilegio de manejar un automóvil, cualquier persona tiene que cumplir con una serie de requisitos: aprender a manejar, sacar una licencia de conducir y cumplir con las leyes del tránsito. De la misma manera, para que tú tengas todo lo que deseas (le das una lista de sus actividades favoritas) necesitas cumplir con ciertas tareas». Y enumeras lo que debe hacer. Por ejemplo, sacar la basura todos los días, hacer su cama, cumplir con sus responsabilidades académicas, regresar de las fiestas a la hora acordada y cuidar a su hermano menor cuando sea necesario. «Cumples con esto y tendrás la vida que deseas. Depende de ti... ¡tú mandas!».

No le des horarios e instrucciones precisos de cuándo y cómo debe cumplir estas responsabilidades. Deja que él se administre. Darle este poder de decisión reduce la rebeldía típica de esta etapa. Dependerá de él si hace la tarea inmediatamente después de llegar del colegio o mucho más tarde. Su único lineamiento puede ser que esté terminada para la hora de la cena.

Esta estrategia funcionará si se suman todas las condiciones que he mencionado en este capítulo, más una que es clave: que los papás sepan mantener el castigo que le impongan si no cumple con estas responsabilidades. El adolescente debe de saber que, de la misma manera en que recibiría una multa por una infracción de tránsito, el incumplimiento de estas obligaciones tendrá una consecuencia.

Tu hijo te pondrá a prueba. Faltará a alguno de sus deberes esperando que no se cumpla la advertencia de un castigo. De ti depende que sepa que hablas en serio. Siguiendo el ejemplo anterior, si el joven no saca la basura es importante que le digas: «Hijo, veo que el viernes no quieres salir con tus amigos porque no sacaste la basura. Tú sabes que pierdes un privilegio al no cumplir con tus responsabilidades. Yo Sí quiero que salgas el viernes, pero al parecer tú no». El joven se molestará y se apurará en cumplir con su deber (sacará rápidamente la basura). Si lo hizo a destiempo, el castigo debería permanecer: no sale el viernes.

Mantente firme. Tu hijo se molestará, reclamará, dirá que ya lo ha hecho, pero solo sabrá que hablas en serio si eres consecuente y no remueves el castigo. Tolera el tiempo en que no le caerás bien al joven porque arruinaste sus planes de fin de semana. Educar a los hijos no es un concurso de popularidad. Debemos hacer lo necesario para enseñarle lo que requiere aprender.

Con este sistema (que ojalá se instaure muchos años antes de llegar a la adolescencia), poco a poco se creará en casa una cultura de responsabilidad y de mayor colaboración, indispensable para la vida de un joven que cada día pasa más tiempo fuera de casa y puede ser influenciado por valores distintos a los de la familia.

Conclusión

> *«Los padres solo pueden dar buen consejo*
> *o indicar el camino adecuado, pero la formación*
> *final del carácter fuerte de una persona está*
> *en sus propias manos».*
> Anna Frank

Hemos revisado las nuevas maneras de hacer las cosas de siempre: tu hijo, adolescente del siglo XXI, conversa, convive y se relaciona con sus pares a través de los medios que la época le proporciona. Tú lo hiciste igual cuando tenías su edad. El adolescente de hoy encuentra en las distintas redes sociales un lugar donde revelar sus sueños, esperanzas, problemas y desafíos.

La prioridad del joven –como es natural y esperado– sigue siendo su grupo de amigos y utilizará todas las herramientas que estén a su disposición para tener contacto con ellos. Cuando los tiene enfrente, el uso de los dispositivos se reduce considerablemente. No necesita meterse a una red social si está con quienes quiere estar y conversar. Pero si llegara a faltar alguien del grupo, usarán sus celulares para hacer participar al ausente a través de las diferentes aplicaciones a su disposición: videos o imágenes a través de Instagram; diálogo a través de WhatsApp o Facebook… todo lo necesario para que el amigo que falta se entere de lo que está sucediendo y no se pierda la reunión. Como ves, el uso de las redes sociales gira alrededor de la convivencia, comprobando que no son un *fin* en sí mismas, sino *el medio* que les permite llegar al objetivo: sus amigos.

Las aplicaciones no son «malas» o «peligrosas» en sí mismas. Es el uso que hacemos de ellas lo que puede ser cuestionable. Para poder enseñarle a los hijos cómo tomar buenas decisiones en el uso de la tecnología, primero necesitamos incursionar en ese mundo y tratar de entender, desde dentro, las nuevas formas de convivencia juvenil. Conversa con tu hijo. Pregunta. Hay adolescentes a los que les gusta *ser públicos* y sumar enormes cantidades de amigos o seguidores con los que compartir sus pormenorizadas y reveladoras publicaciones –en texto, imágenes o video–, sobre todos los detalles de su vida. Hay otros –la gran mayoría– que quieren estar *en público,* con «su gente»: amigos, compañeros y adultos importantes en su vida. Unos quieren darse a conocer; otros están tratando de encontrar y pertenecer a un grupo con el cual identificarse, para conocerse y tomar su lugar en el mundo. La tecnología nos permite observarlos. Unos están en problemas. Otros no. Pero es la persona a la que debemos aproximarnos y guiar. Es ella la que, con su mal uso de la herramienta, nos está pidiendo ayuda.

Una de las razones por la que los jóvenes se manejan tan bien en el uso de estos dispositivos y aplicaciones, es porque los exploran sin miedo. Investigan de qué se trata y no temen cometer errores. Los adultos tenemos una actitud más precavida, y, por no equivocarnos, no experimentamos con la tecnología para aprender de ella, disfrutar de sus ventajas y entender el mundo de esta «generación App».

De acuerdo a una encuesta, el primer contacto de un niño con las redes sociales es a los nueve años y en los siguientes cuatro su rol en internet pasa de ser un espectador de contenido (ver videos de YouTube, por ejemplo) a ser un miembro activo en las redes. Hacia los doce años, los niños ya se manejan activamente en WhatsApp y Facebook, y muchos de ellos ya han enviado un mensaje a alguien que no conocen. Un año más tarde, el uso de aplicaciones se ha ampliado a Snapchat y algunos de ellos ya habrá enviado una imagen o texto con contenido erótico.

Como ves, no tenemos tiempo que perder, pero los prejuicios, opiniones negativas y miedos a lo desconocido te impedirán cumplir con tu deber: la preparación de tu hijo para la vida adulta. Una madre lo dijo claramente: «Necesitas un entendimiento básico de lo que tu hijo está haciendo para guiarlo y enseñarle lo que es apropiado y seguro. Recientemente hablé con mi hijo de diez años después de saber que estaba intercambiando mensajes con personas que no conocía mientras jugaba un videojuego en Xbox».

No podemos esperar que sean los creadores de estas aplicaciones quienes pongan las restricciones que mantendrán a nuestros hijos protegidos y los responsables de enseñarles a comportarse adecuadamente al convivir con sus amigos, en cualquiera que sea el medio en que lo hagan. Por ejemplo, la limitación de edad que Facebook estipula en su página solo le ha enseñado a los niños a restar el número trece del año en curso, para falsificar el año en que nacieron y así poder hacer uso de esta red social. Tenemos que ser nosotros los que mantengamos un diálogo abierto con los niños para que puedan compartir sus experiencias, tanto positivas como negativas, mientras están en línea, y, en lugar de tratar de controlarlos, tenemos que asegurarnos de estar al día en las modas que existen en las redes sociales para trabajar con ellos el uso adecuado de la tecnología.

Por eso no se trata de impedir que tu hijo use las redes sociales o internet. La sobreprotección lo inutiliza para el mundo. El aislamiento al que lo someterás tendrá repercusiones en su desarrollo. Este es el mundo en el que tu hijo se mueve y para él es sumamente importante. Un estudio encontró que los jóvenes preferirían quedarse sin su cepillo de dientes antes que quedarse sin celular. Y los avances tecnológicos continuarán. Verlos como algo malo o amenazante provocará resentimientos entre ustedes que dañarán la relación y te impedirán transmitirle lo que verdaderamente le ayudará a manejar la tecnología adecuadamente.

Recuerda que todo tiene ventajas. En el capítulo en el que hablamos del ciberbullying mencionamos algunos daños que el anonimato puede provocar. Sin embargo, también tiene aspectos muy positivos. Al quitar la posibilidad de sobresalir individualmente para ganar un argumento, el anonimato puede crear una sensación de comunidad que verdaderamente promueve la creatividad en la solución de problemas, debido a las «tormentas de ideas» que provoca el debate de un punto. Asimismo, en muchos casos la comunidad anónima se sabe autorregular, descalificando los comentarios que pueden bajar el nivel del diálogo iniciado. Si la publicación inspira a una comunicación constructiva, el grupo mismo defenderá que se mantenga así.

Nada refuerza más la autoestima de una persona que saberse querido y aceptado tal como es. Entender que tu hijo usa las redes sociales como un medio para convivir con amigos, como parte de las nuevas maneras en que la sociedad realiza las mismas actividades que la definen como tal, te acercará a él.

Un joven enojado o resentido no querrá oírte. Sabrá que no será comprendido, sino juzgado. Sabrá que no tiene ninguna posibilidad de diálogo, sino que recibirá instrucciones. Tienes todo el poder para cambiar este escenario y lograr educar a tu hijo con el marco de valores que deseas inculcarle.

La tecnología refleja lo bueno y lo malo de la sociedad en que vivimos, y es a través de las redes sociales, entre otras cosas, que el joven de la generación App encontrará su ruta. Camina con él.

¡Que empiece el diálogo!

Agradecimientos

Estoy muy contenta y agradecida de que Editorial Planeta continuara conmigo en este desafío de «instalarme como autora». Su voto de confianza y apoyo ha sido muy motivante para hacerte llegar algunos de los aprendizajes que he adquirido a lo largo de mi carrera profesional. Gracias, Josefina Alemparte, por invitarme a escribir mi primer libro y este que ahora estás leyendo. ¡Espero sinceramente que haya muchos más! Verónica Salazar es a quien le tocó editar mi libro, corrigiendo y arreglando con toda paciencia y buena disposición, de tal manera que sea claro y tenga más probabilidad de lograr el que es mi objetivo principal: ser verdaderamente útil para quien lo lea. Isabel Machado, con el apoyo de María José Figueroa, son quienes lo difunden. Es sorprendente la cantidad de cosas que hacen para que todo lo que la editorial publica llegue al público, ¡siempre con una sonrisa en la cara! Muchas gracias a todas ustedes por seguir conmigo.

También debo darle infinitas gracias a toda la gente con la que tengo contacto en mi trabajo y en mi vida personal, ya que constantemente me piden más información, herramientas y libros que puedan apoyarlos en su camino. Además de sentirme honrada, esto me ha obligado a mantenerme actualizada en todo lo referente a mi área de trabajo. Mil gracias por considerar útiles mis comentarios o sugerencias, y por el entusiasmo con el que los solicitan y esperan. Ustedes son mi inspiración principal en el trabajo. Auditorio de «Pregúntale a Mónica», asistentes a las conferencias, personas en consulta, amigos y conocidos… ¡muchas gracias por seguir creyendo en mí y en mi trabajo!

Nada de los dos párrafos anteriores ocurriría sin el apoyo de mi familia. De hecho, el haberme casado y haber tenido hijos es lo que finalmente me ayudó a descubrir lo que es mi vocación y a dedicarme a lo que tanto me apasiona. Alfonso, mi esposo, es una constante fuente de ideas para mejorar «mi negocio». Es un crítico realista pero considerado. Es mi fan número uno (como me aclara constantemente) y el amor de mi vida. Nunca podré hacer suficiente para agradecerle tanta fe en mí y en lo que hago, tanto cuidado, tanto amor.

Mis hijos, Poncho, Mariana y Santiago, están plasmados en cada una de las páginas de este libro, ya sea como protagonistas (anónimos, no se preocupen) de alguna anécdota o como la imagen de lo que quisiera que se convirtieran todos los adolescentes: jóvenes íntegros, capaces y felices. Gracias por todo lo que me dan todos los días.

Al escribir un libro sobre adolescencia me resultó curioso descubrir todo lo que recuerdo de mis papás en esa época de mi vida. Papá y mamá, ustedes también alimentaron estas páginas con frases, enseñanzas, ejemplo; y por eso (y un millón de cosas más) siempre estaré muy agradecida. Y también a quienes fueron mis compañeros durante mi propia adolescencia: mis hermanos Guillo, Lucía, Flori y Claudia, muchas gracias.

Finalmente, como siempre, lo más importante: le doy gracias a Dios por cada uno de los días que me ha permitido disfrutar de esta impresionante aventura que ha sido mi vida.

BIBLIOGRAFÍA

Belsky, J., y Barends, N. (2002). «Personality and parenting». En *Handbook of parenting, Being and becoming a parent*. Estados Unidos: Ed. M. H. Bornstein, vol. 3, pp. 415-438.

Boyd, D. (2014). *It's complicated: the social lives of networked teens*. Estados Unidos: Yale University Press, Pos. 305 de 5300.

Brizendine, L. «Love, Sex and the Male Brain». CNN (http://edition.cnn.com/2010/OPINION/03/23/brizendine.male.brain/).

Casey, B.J., y Caudle, K. (2013). «The teenage brain: Self Control». *Current Directions in Psychological Science*, pp. 22-82.

Duckworth, A.L., y Seligman, M.E. (2006). «Self-Discipline Gives Girls the Edge: Gender in Self-Discipline, Grades, and Achievement Test Scores». *Journal of Educational Psychology*, vol. 98, N° 1, pp. 198-208.

Gardner, Howard, y Davis, Katie (2014). *La generación APP: cómo los jóvenes gestionan su identidad, su privacidad y su imaginación en el mundo digital*. Paidós, 240 páginas.

Goffman, E. (1959). *The Presentation of Self in Everyday Life*. Estados Unidos: Ed. Doubleday.

Gurian, M. (2002). *The Wonder of Girls*. Estados Unidos: Ed. Pocket Books.

http://www.livescience.com/3435-teen-brains-clear-childhood-thoughts.html

Huver, R.; Otten, R.; De Vries, H., y Engels, R. (2010). «Personality and Parenting Style in parents of adolescents». Holanda: *Journal of Adolescence*, vol. 33, pp. 395-402.

Instituto Nacional de Estadísticas de Chile. Censo 2012 (http://www.ine.cl/cd2002/sintesiscensal.pdf).

Johnson, S.B.; Blum, R.W., y Giedd, J.N. «Adolescent Maturity and the Brain: The Promise and Pitfalls of Neuroscience Research in Adolescent Health Policy». *J. Adolesc Health*, septiembre 2009, 45(3), pp. 216-221.

Kelly, C. «Is Snapchat only used for Sexting? We asked 5,000 people to find out». Survata blog, 7 de febrero de 2013 (http://www.survata.com/blog/is-snapchat-only-used-for-sexting-we-asked-5000-people-to-find-out/).

National Health Services England (http://www.nhs.uk/).

National Institute of Mental Health (NIH). «Trastorno bipolar» (http://www.nimh.nih.gov/health/publications/espanol/trastorno-bipolar-facil-de-leer/index.shtml).

Neuroscience and Biobehavioral Reviews. (2014). «Male and Female differ in specific brain structures». Estados Unidos: Universidad de Cambridge (http://www.cam.ac.uk/research/news/males-and-females-differ-in-specific-brain-structures).

On Device Research. «Young People's Consumer Confidence (YPCC) Index». Mayo de 2013 (http://ondeviceresearch.com/blog/facebook-costing-16-34s-jobs-in-tough-economic-climate#sthash.7LU7FRVB.dpbs).

Parent Further. Search Institute Resource for Families (2013). «Boundries and Expectations: Making Life More Manageable for Parents and Kids». Estados Unidos (http://www.parentfurther.com/resources/enewsletter/archive/boundaries-expectations).

Peirano de Barbieri, A. «La convivencia de diferentes generaciones: una ecuación difícil de resolver». Argentina: *Boyden Global Executive Search* (http:// www.dad.uncu.edu.ar/upload/barbieri.pdf).

Pilcher, J. «Mannheim's Sociology of Generations: An undervalued legacy». *British Journal of Sociology*, septiembre de 1994, 45 (3), pp. 481-495.

«Reescribiendo las reglas: La interacción generacional en el trabajo». Documento Manpower. México, 2009 (http://www.manpower.com.mx/ uploads/press_room/estudios_investigaciones/ Reescribiendo_las_reglas_La_Interaccion_generacional_en_el_trabajo.pdf).

Taylor, P. «The Next America». Pew Research Center, 10 de abril de 2014 (http://www.pewresearch. org/next-america/#Two-Dramas-in-Slow-Motion).

Wallerstein, J., y Blackeslee, S. (2003). *What about the kids? Raising your children before, during and after divorce.* Estados Unidos: Ed. Hyperion.